Cultus Art

從郵票中看中歐的
景觀與建築

王華南 著

高談文化藝術館

國家圖書館出版品預行編目資料

從郵票中看中歐的景觀與建築／ 王華南著.——
初版—臺北市：高談文化，2006〔民95〕
　　面；21×14.8　公分
　　ISBN 978-986-7101-31-0（平裝）
　　1. 郵票

557.647　　　　　　　　　　　　95013646

從郵票中看中歐的景觀與建築

編　著：王華南
發行人：賴任辰
總編輯：許麗雯
主　編：劉綺文
責　編：林文理
美　編：陳玉芳、高佳蘭
行銷總監：黃莉貞
行銷企劃：黃馨慧
發　行：楊伯江
出　版：高談文化事業有限公司
地　址：台北市信義路六段76巷2弄24號1樓
電　話：（02）2726-0677
傳　真：（02）2759-4681
http://www.cultuspeak.com.tw
E-Mail：cultuspeak@cultuspeak.com.tw
郵撥帳號：19884182 高咏文化行銷事業有限公司
製版：菘展製版（02）2246-1372
印刷：松霖印刷（02）2240-5000
行政院新聞局出版事業登記證局版臺省業字第890號
2006年8月初版一刷
定價：新台幣360元整

推薦序

　　在一個偶然的機會，重逢四十來年不見的華南。記得小學同坐樹下寫生的情景，撩起我對他兒時風華的印象。王君以其平日豐碩的收藏成就，以其特別敏銳的性情及嗜好進入專業的睿智，提供出超乎專業的成果。用不同於常人的思考與角度，釋出主題性的精華，為專業及業餘人士提供極有價值的資料，由之前出版的「郵票中的秘密花園」、「聽音樂家在郵票裏說故事」兩本書可見堂奧。

　　華南對德意志體系文化的狂熱及研索，印證在以建築景觀專題的敘述及引導，以生動的文筆與精美的篇幅，提舉時代性有價值的專冊，應驗集郵可以益智的名言。

張清烈　寫於2006年5月22日
輔仁大學景觀設計學系／所教授兼所長
德國斯圖嘉特大學　國家建築工學博士

自序

　　大約五年前，筆者在台北市萬年大樓的新知坊書店遇到一位喜好德國文物的張教授（德國工學博士），他看到筆者購買日文的鐵道雜誌，就問起有關鐵道模型造景的一些問題，不料愈聊愈起勁，筆者也進一步請教張教授有關留學德國的情況，原來張教授也喜歡繪畫，小學就讀日新國民學校，和筆者是同屆，我立即認出是當時吳貴鳳老師指導美術寫生隊的同學，聊完後筆者先離去，但未再聯繫。

　　三年前，筆者受邀在蘆葦會（由一群受高等教育的長輩組成）演講，演講後和張會長等長輩聚餐，一聊之下才發現張會長是張教授的尊翁。之後筆者還受邀參加張會長的壽宴，才再度和張教授碰面，宴中更聊出兩人有不少的共同嗜好，從此就偶爾保持聯絡。

　　去年筆者所作之《郵票中的秘密花園》出版後，筆者將此書請張教授（去年榮升輔仁大學景觀設計研究所所長兼景觀設計學系系主任）指教，張教授建議筆者出版一本以郵票介紹「有關德國建築景觀」的書，可作為建築景觀設計學系所學生、業界人士的參考書。筆者將此建議和劉主編溝通，為了增加讀者群及提高可看性，於是決定增加中歐的奧地利、捷克、匈牙利等國（前述三國在第一次世界大戰前同屬於奧匈帝國，而奧地利與德國皆屬日爾曼族系）資料。劉主編並提起近年來人文科學和建築景觀界所重視的一項熱門話題，就是自1980年代起，被聯合國教育科學文化組織列為「世界文化遺產」的各國著名建築景觀，希望筆者以世界文化遺產為本書的主軸，而正是筆者多年來一直想寫的一本書，無奈先前曾被幾家出版公司以各種理由婉拒，如今總算遇到知音，焉能不全力以赴。因此書末附錄中特別增列了在本

書中被「聯合國教育科學文化組織」列爲世界文化遺產（UNESCO-World Heritage）的各國建築物及其列入年份。

筆者在去年春季參加加拿大最著名的VANCE拍賣會標到兩項有關中、西歐各國的鐵道及車站等建築物的圖片，其中不少是第一次世界大戰前印製的建築景觀圖片。筆者就利用此次良機，將珍貴的老圖片搭配於各章節分享諸位讀者，因此本書所介紹的圖片將近一千張（包括郵票、圖片），可謂精華盡出。

本書共分12章，第1至9章介紹德國各個著名都市的建築景觀、第10章介紹奧地利的建築景觀、第11章介紹捷克與斯洛伐克的建築景觀、第12章介紹匈牙利的建築景觀。

爲了增加閱讀的趣味性及人文知識性，筆者配合著名都市介紹幾位著名的偉人如：近代最偉大的德國人、西德第一任總理愛德諾博士，歐洲活版印刷術的發明家古騰堡，柴油發動機的發明人狄則爾，宗教改革家馬丁‧路德，以及奧地利最偉大的女皇瑪利亞‧特蕾莎。

最後的壓軸精釆部分，則介紹「匈牙利生產世界最頂級的葡萄美酒」，希望諸位讀者仔細欣賞，保證回味無窮。筆者在此再次感謝諸位讀者的支持與愛顧。

筆者　王華南

2006年5月14日（母親節）

目 錄

第一章

德國現況

1
德國現況

德國的德文正式國名為「Bundesrepublik Deutschland」，即「德意志聯邦共和國」之意，英文正式國名為「The Federal Republic of Germany」。它是全球七大工業國之一，也是全球第三大經濟體，總面積357,050 平方公里（世界排名第63位），2005年統計總人口82,515,988（世界排名第14位）。

德國自1949年起是一個採行議會民主方式的聯邦制國家，行政、立法、司法三權分立。聯邦擁有一個兩院制的議會，各邦在教育、警察和其他方面擁有高度的獨立自主權。

德國的國家元首是聯邦總統（Bundespräsident），由聯邦聯合會議（Bundesversammlung）間接選舉而產生。聯邦聯合會議由聯邦議會（Bundestag）議員以及各邦議會代表組成選舉人，專門選舉國家的元首。總統的任期五年，權利非常有限，對外象徵性代表德國，接見來訪的外國元首，對內主要是擁有對聯邦議會的解散權。

（一）立法

德國聯邦聯合會議由兩院組成，兩院組成德國的立法機構。

聯邦議會現擁有598席，代表由直選（299席來自單一席位選區）或間接選舉（另外的299席來自政黨比例，得票率5%以上或得直選3席以上之政黨才可以參加比例分配）而產生，任期為四年，設有聯邦議會議長（Bundestagspräsident）一人，在國內外禮儀上享有僅次於聯邦總統的第二順位。

聯邦參議院擁有69席，代表則來自16個邦，參議院議長由各邦總理輪流擔任，在國內外禮儀上享有第三順位。第一次聯邦議會議員選舉在1949年

8月14日舉行，東西德統一後的全德普選在1990年12月2日舉行，最近一次在2005年9月18日舉行，由基督教民主聯盟的梅克爾博士（Dr. Angela Dorothea Merkel）在2005年11月22日就任聯邦總理，成為德國第一位女總理。

（二）行政

聯邦總理（Bundeskanzler／Bundeskanzlerin女總理）雖然在國內外禮儀上僅享有第四順位，卻是德國聯邦的政府首腦，行政機構的最高首長，因德國聯邦採內閣制，所以由聯邦總理掌握實權。總理往往是議會多數黨的成員，由聯邦議會選舉產生。聯邦政府設副總理一人，目前由外交部長兼任。

現行的基本法力求避免重蹈威瑪共和國的覆轍（小黨林立、政局不穩），規定了例如總理的間接產生、政黨比例席位的門檻：「必須獲得5%選票或3個直選席位」、只有下院全體議員都同意繼任者之後才能免去總理、軍隊除救援外不許使用於國內事務等等。也正因為如此，直到目前為止的歷屆德國政府都是聯合內閣。此外基本法中的1至20款（「人的尊嚴不可被侵犯」等）被視為不許被更改的部分。德國聯邦的憲法體制由基本法、統一協定以及其他國際協定組成，各邦另外有自己的憲法，但受聯邦憲法體制約束。

（三）司法

德國擁有獨立的聯邦司法系統，包括憲法法庭、高級法院以及在行政、金融、勞工以及社會議題方面有管轄權的法庭。德國的最高法院是聯邦憲法法庭以及歐州法庭，各邦另外設有邦憲法法院。公民在充分理由情況下可以透過行政訴訟取消政府行政措施，透過憲法訴訟解除政府立法，透過歐州法院還能夠達到憲法不恰當條款的修改，因此確保「憲法解釋的統一性」、歐盟協定在「全歐洲解釋的統一性」，並且保障公民的基本權利。

◆ 西德在1976年2月17日發行一款德國聯邦憲法法庭成立25周年
（25 JAHRE BUNDESVERFASSUNGSGERICHT）紀念郵票，
面值50分尼，圖案中上印德國國徽「聯邦之鷹」（Bundesadler）、
下面印德國國旗的「黑、紅、黃三色條紋」。

◆ 德國在1999年發行一款小全張紀念
基本法制定50周年，內含一枚郵票
面值110分尼，郵票圖案上緣印
「50 JAHRE GRUNDGESETZ」和
德國國旗，圖案中間印德國國徽
（反白鷹形）。小全張中間印
「1949-1999」，左邊印「23. MAI」
（1949年5月23日制定）、「50
JAHRE」（50年）、「GRUNDGE-
SETZ DER BUNDESREPUBLIK
DEUTSCHLAND」（德意志聯邦共和國基本法）。
郵票圖案右邊印基本法的第一條。

德意志聯邦共和國基本法的第一條內容：

加郵站

DIE WÜRDE DES MENSCHEN IST UNANTASTBAR. SIE ZU ACHTEN UND
ZU SCHÜTZEN IST VERPFLICHTUNG ALLER STAATLICHEN GEWALT.

（官方英譯：Human dignity shall be inviolable. To respect and protect it shall
be the duty of all state authority.） 即「人類尊嚴係神聖不可侵犯，尊重與保護它
係所有國家當局之職責。」之意。（參與基本法的制定者深感以往獨裁專制政權對
人權的迫害，於是開宗明義揭示對人權的尊重，並以實際立法保障，發揚民主制度
的真諦，的確令人敬佩。）

(四) 行政區

德國分為13個邦（德文單數Land，複數Länder）、2個自由市、首都柏林，共分16個大行政區（德文單數Bundesland，複數Bundesländer）。

▲德國五大都市為：

1. 柏林（Berlin）
2. 漢堡（Hamburg）
3. 慕尼黑（München）
4. 科隆（Köln）
5. 法蘭克福（Frankfurt am Main）

▲德國五大都會區：

1. 萊茵—魯爾（Rhein-Ruhr）
2. 萊茵—美因（Rhein-Main）
3. 柏林（Berlin）
4. 漢堡（Hamburg）
5. 斯圖加特（Stuttgart）

▲16個大行政區：

邦	首府	面積（平方公里）
巴登-符騰堡（Baden-Württemberg）	斯圖加特（Stuttgart）	35,751.65
巴伐利亞（自由邦）（Bayern, Freistaat）	慕尼黑（München）	70,549.19
柏林（Berlin）		891.75
布蘭登堡（Brandenburg）	波茨坦（Potsdam）	29,477.16
不來梅（自由漢札城市）(Bremen, Freie Hansestadt)		404.23
漢堡（自由及漢札城市）(Hamburg, Freie und Hansestadt)		755.16
黑森（Hessen）	威斯巴登（Wiesbaden）	21,114.72
梅克倫堡—前波梅稜(Mecklenburg-Vorpommern)	許未林（Schwerin）	23,174.17

下薩克森（Niedersachsen）	漢諾威（Hannover）	47,618.24
北萊茵－西法倫 （Nordrhein-Westfalen）	杜塞爾多夫 （Düsseldorf）	34,042.52
萊茵蘭－法爾茨（Rheinland-Pfalz）	美因茨（Mainz）	19,847.39
薩爾蘭（Saarland）	薩爾布呂肯 （Saarbrücken）	2,568.65
薩克森（自由邦）（Sachsen, Freistaat）	德勒斯登（Dresden）	18,414.82
薩克森－安哈爾特（Sachsen-Anhalt）	馬格德堡（Magdeburg）	20,445.26
許雷斯威希－霍爾斯泰因 （Schleswig-Holstein）	基爾（Kiel）	15,763.18
圖林根（自由邦，（Thüringen, Freistaat）	厄爾富特（Erfurt）	6,172.14

　　德國在1992～1994年發行一系列專題郵票，共三套，圖案主題是各邦的位置圖與邦徽。

◆ 1992年發行六款，面值均為100分尼，圖案主題分別是：
　◇1992年1月9日發行／巴登－符騰堡　BADEN- WÜRTTEMBERG（左圖）
　◇1992年3月12日發行／巴伐利亞　BAYERN（中圖）
　◇1992年6月11日發行／柏林　BERLIN（右圖）

◇1992年7月16日發行／布蘭登堡 BRANDENBURG (左圖)
◇1992年8月13日發行／不來梅 BREMEN (中圖)
◇1992年9月10日發行／漢堡 HAMBURG (右圖)

◆ 1993年3月11日發行五款，面值均為100分
尼，圖案主題分別是：
　◇1993年3月11日發行／黑森 HESSEN (左圖)
　◇1993年6月17日發行／梅克倫堡—前波梅稜
　MECKLENBURG-VORPOMMERN(右圖)

◇1993年7月15日發行／下薩克森 NIEDERSACHSEN (左圖)
◇1993年8月12日發行／北萊茵—西法倫　NORDRHEIN-WESTFALEN (中圖)
◇1993年9月16日發行／萊茵蘭—法爾茨　RHEINLAND-PFALZ (右圖)

◆ 1994年發行五款，面值均為100分尼，圖案主題分別是：

　◇1994年1月13日發行／薩爾蘭　SAARLAND　（上左圖）

　◇1994年3月10日發行／薩克森　SACHSEN　（上右圖）

　◇1994年6月16日發行／薩克森－安哈爾特　SACHSEN-ANHALT　（下左圖）

　◇1994年7月14日發行／許雷斯威希－侯爾斯泰恩　SCHLESWIG-HOLSTEIN　（下中圖）

　◇1994年9月8日發行／圖林根　THÜRINGEN　（下右圖）

第二章

德國各地的建築與景觀

2
德國各地的
建築與景觀

　　德國在第二次世界大戰之前曾發行多令救濟特別附捐郵票，全部用雕刻版印刷，由於雕工細膩、刻紋清晰，整個圖面呈現立體感，加上圖案主題都是當代著名觀光景點，而取景構圖又十分別緻，堪稱經典之作，因此成為建築與景觀專題郵票中最重要的系列。

（一）代表性建築的郵票

　　希特勒在1934年興登堡總統去世後接掌國家大權，為了爭取德國的廣大社會群眾支持，尤其是對勞工階層創造就業機會，於是積極推動振興德國經濟的建設工程，其中規模最大、範圍也最廣的就是興建德國高速公路（德文稱為「Reichsautobahn」，而「autobahn」即「自動車道」之意）網。在當時，英、法等國的政治家都以為希特勒大概是為了振興德國的經濟，所以德國政府多增加一些公共支出，提升公路的路面品質。但是有些公共交通工程專家則認為就算是增強路面的負荷力，也不需好到敷設鋼筋混泥土，當時大家都看不出希特勒的企圖安在。

　　其實希特勒不是凱子亂撒銀兩，而是基於更深一層的考量，接受軍事工程專家的建議與計畫，四通八達的高速公路網是為了迅速調動部隊以及做快速又有效率的運輸補給，而鋪設鋼筋混泥土則是看到未來主宰地面戰場的重型打擊武器——「裝履帶的戰車」（即坦克車，德文稱為「Panzer」）必須在此種能承受重大負荷的特殊道路上做快速調動，因為數量較多的坦克車（當時編制一連坦克車約有12至17輛）在一般鋪柏油的路面移動後，路面馬上被踩躪成大花臉。

1940年5月10日德軍發動閃電戰（德文稱爲「Blitzkrieg」）入侵荷蘭，掃過比利時，5月13日攻破法軍防線，6月25日法國宣佈對德國投降，前後才一個半月。德軍在極短時間內完成此種快速如閃電般的作戰，在戰史上是破天荒的第一遭，這時不少跌破眼鏡的評論觀察家才恍然大悟，原來閃電戰的成功就是德國的「自動車道」發揮超水準的功能，德軍能在邊境上迅速集結大量的機械化裝甲部隊，然後一鼓作氣衝鋒陷陣，「自動車道」的確立功闕偉。

◆ 德國在1936年9月21日發行，以當時的著名建築為主題的郵票，共九枚，德文稱為「Moderne Bauten」，即「現代建築」之意。

◇面值3＋2分尼／慕尼黑通往國境的國家自動車道（Reichsautobahn München-Reichsgrenze）。

◇面值4＋3分尼／柏林的航空部大廈（Berlin Reichs-Luftfahrtministerium）。

◇面值5＋3分尼／紐倫堡的第一次世界大戰犧牲者紀念碑（Luitpoldhain Ehrenmal in Nürnberg）。

◇面值6＋4分尼／跨越薩克森邦哈雷市（Halle）薩爾河的國家自動車道拱橋（Reichsautobahn Brücke uber die Saale）。

◇面值8＋4分尼／柏林的德意志大廈（Deutschlandhalle Berlin）。

◇面值12＋6分尼／茅套澤（位於德國東南部接近奧地利邊境）的阿爾片道路拱橋（Am
　Mauthäusl Deutsche Alpenstraße）。
◇面值15＋10分尼／慕尼黑的元首大廈（Führerhaus in München）。
◇面值25＋15分尼／跨越芒埄河谷（位於德國東南部接近奧地利邊境）的國家自動車道高架橋
　（Reichsautobahn Brücke über die Mangfall）。
◇面值40＋35分尼／慕尼黑的德意志藝術館（München, Haus der Deutschen Kunst）。

以面值「3＋2」分尼做說明，購買時得付5分尼，其中3分尼當做郵
資，而附捐的2分尼則當做冬令救濟（Winterhilfswerk，印在圖案的右
側）捐款，本套的附捐數字分別印在圖案的左下角和右下角。

加郵站

◆ 德國在1939年10月27日發行八枚、11月9日發行一枚（面值25＋15分尼），共九枚，圖案
　以著名的舊建築物和景觀為主題。
◇面值3＋2分尼／埃格爾的愛波根堡（Burg Elbogen a. d. Eger）。捷克文稱為克布的洛磯特堡
　（Hrad Loket, Cheb現今屬於捷克，靠近與德國邊界處）。1938年10月1日希特勒出兵佔領與德
　國接壤的蘇台德區（Sudetenland，因該區有不少德裔居民），1945年德國戰敗後歸還捷克，
　克布的德裔居民則被逐回德國。
◇面值4＋3分尼／萊茵河畔的龍岩堡
　（Drachenfels am Rhein）。位於波昂
　附近的七連山（Siebengebirge）
　上，高321公尺。相傳萊茵河神話中
　的英雄齊格飛利德（Siegfried）殺死
　一條龍，而龍就藏在山上的洞穴裏，
　因而被稱為龍岩堡，如今已成廢墟。

◇面值5＋3分尼／勾斯拉的皇宮
（Kaiserpfalz，Goslar）。勾斯拉位
於德國下薩克森邦，此宮是亨利三
世（1046年被加冕為神聖羅馬帝國
的皇帝，1017-1056）的夏季離
宮，他曾在此宮住過二十次，後來
也葬於勾斯拉。

◇面值6＋4分尼／格拉茨的鐘塔（Uhrturm，Graz）。建於1712年，至今仍在使用，成為格拉茨
著名的地標。1938年希特勒將奧地利併入德國，所以郵票發行時格拉茨是屬於德國的都市。而
格拉茨現位於奧地利的東南部，是奧地利的第二大都市。

◇面值8＋4分尼／美因河的法蘭克福的羅馬舊街哥德式建築
（Romer Frankfurt am Main）。Romer在德文就是「Roman羅馬
的」之意，原本屬於富商家族，1405年被市議會取得，將最中
間的一棟改為市政廳，後來連接到兩旁的樓房，第二次世界大
戰中部分建築曾受到毀壞，戰後重建，如今成為觀光景點。

◇面值12＋6分尼／克拉根堡的高樓（Ständehaus，
Klagenfurt）。克拉根堡位於奧地利的南部。

◇面值15＋10分尼／奧祭希的石礫堡廢墟（Burgruine
Schreckenstein bei Aussig，建於1318年）。捷克文稱為Ústí
nad Labem，原本屬於捷克，靠近與德國邊界處，1938年被德
國劃入蘇台德區，1945年德國戰敗後歸還捷克，是易北河（捷
克文稱為Labe）上游的重要河港，鐵路交會點。

◇面值25＋15分尼／薩爾茲堡的山上城堡與天主教堂（Feste Salzburg）。位於奧地利的西部。「音樂神童」莫札特1756年出生於薩爾茲堡。

◇面值40＋35分尼／晉根附近的高嶺堡（Hohentwiel bei Singen）。位於德國巴登一符騰堡邦的最南邊，靠近與瑞士邊境處的工業鎮。當地最著名的地標就是高嶺堡（在一座死火山上），山上的城堡曾被拿破崙的軍隊摧毀。

◆ 德國在1940年11月5日發行，共九枚，圖案以著名的建築物為主題。

◇面值3＋2分尼／但澤市的阿圖宮（Artushof in Danzig）。Artushof即英文Arthur's Court之意，而命名Arthur則取自中古世紀圓桌武士傳奇中的亞瑟王。最初的阿圖宮大約建於1350年，1476年被大火摧毀後得到執政當局的贊助而重建，十六世紀上半期建築物正面修改成文藝復興式，1616～1617年改建為石造門面，並且增加了Scypion（拉丁文名Scipio Africanus，羅馬的英雄，185-129BC）、Temistocles（拉丁文名Themistokles，雅典的領袖，說服雅典人起

造快速的triremes三層划槳船隊擊敗入侵的波斯艦隊，528-462BC）、Kamill（拉丁文名 Marius Furius Camillus，率領羅馬人抵抗高盧人的英雄，出生於公元前四世紀）和Juda Machabeus（以色列的英雄，抵抗希臘裔的敘利亞王國，出生於公元前二世紀）四尊人身雕像，文藝復興式的山形屋頂（gable）被改為雅典式，最上面加了象徵正義、力量和財運的雕像。

阿圖宮位於市政廳之旁，最初是達官顯要的聚會場所，1476年之後則開放供中產階級及商人聚會之用，自1742年起成為但澤地區商會的會館，直到1945年。

　　但澤市在中古的十四世紀已成為日爾曼人的港灣都市，1361年曾加入漢札同盟，第一次世界大戰結束前屬於德意志帝國的西普魯士，戰後德國在東部的部分領土割給波蘭，波蘭向當時的國際聯盟要求但澤市成為一個國際性的自由都市，因為但澤市位於波蘭主要河流威斯土拉（Vistula）河通往波羅的海的出海口左岸，也是當時波蘭唯一的出海口，國際聯盟在1920年1月10日成立Free City of Danzig（德文Freie Stadt Danzig；波蘭文Wolne Miasto Gdańsk），保證波蘭船隻自由通行。

　　1939年9月2日德軍入侵波蘭，德國掌控了但澤市，但澤市再度成為德國的領土。1945年5月30日但澤市被蘇聯的軍隊攻佔，遭到嚴重破壞。第二次世界大戰結束，但澤市割給波蘭，在1950年正式改名為格但斯克（Gdańsk）。1980年代當地造船廠工人在「團結工聯」的指導下發動罷工，爭取波蘭的民主自由，才促使1980年代末期的波蘭全國掀起大規模的爭取民主自由運動，終於脫離蘇聯的控制而成立民主自由的政權。

◇面值4＋3分尼／托稜的市政廳（Rathaus in Thorn）。托稜位於但澤市的南方威斯土拉河畔，命運和但澤市相似。1230年條頓武士團在此建立城堡，不久成為一個重要的貿易站，十四世紀加入漢札同盟。1807年被拿破崙劃入新成立的華沙大公國，1814年拿破崙被打敗後，托稜被普魯士佔領，後來成為德意志帝國的領土，直到1919年依凡爾賽合約，劃入新獨立的波蘭領土；1939年德軍入侵波蘭，又歸國管轄，1945年德國戰敗，托稜歸屬波蘭改名為波蘭文Toruń。著名的天文學家哥白尼（發表地球繞行太陽論述）1473年2月19日誕生於此地。1945年成立了波蘭最著名的哥白尼大學。

◇面值5＋3分尼／考布附近的王室城堡（Pfalz bei Kaub）。位於萊茵河的中游小島上，考布在河的右岸。據文獻記載，島上城堡是巴伐利亞邦國王在1326年興建，並向經過的船隻收取通行稅。

◇面值6＋4分尼／波森的市立劇院（Stadttheater in Posen）。波森（波蘭文Poznań）是波蘭中西部的工業都市，為波蘭的第五大都市。早在1025年，波蘭王國成立時就是波蘭的首都，1793年被普魯士控制，1807年成為華沙大公國的領土，1814年拿破崙被打敗後，波森又納入普魯士的版圖。1919年回歸新獨立的波蘭，1939年德軍入侵波蘭，又歸德國管轄，1945年德國戰敗，重歸恢復獨立的波蘭管轄。

◇面值8＋4分尼／海德堡的舊城堡（Heidelberger Schloss）。海德堡位於德國西南部的內克（Neckar）河畔，著名的舊城堡（約建於十三世紀）位於高出內克河200公尺的Königstuhl（相當於英文的king's stool，即「國王加冕時用的跪拜墊模」之意）山上，可以俯瞰狹長的海德堡老城。

◇面值12＋6分尼／特里爾的黑城門（Porta Nigra in Trier）。特里爾位於德國西邊的摩澤爾（Mosel）河中游河畔，是擁有超過兩千年歷史、自羅馬時代留存的遺跡而聞名的古都。Porta Nigra是拉丁文名稱，二字分別是「城門」、「黑」之意，於公元180～200年之間，用灰色砂岩興建，到了三百年前工業時代來臨，被附近的工廠煤灰燻黑而得名。高30公尺、正面寬36公尺、縱深22公尺，城門有兩個高7公尺的馬車通道，高大的城門象徵羅馬帝國統治的權力。1986年黑城門與特里爾其他古羅馬遺跡及大教堂被聯合國教科文組織指定為世界文化遺產。

◇面值15＋10分尼／布拉格的新德意志劇院（Neues Deutsches Theater in Prag）。

　　1939年3月15日希特勒在英國首相張伯倫姑息主義默認下出兵佔領捷克，捷克首都布拉格成為大德意志國（GROSSDEUTSCHES REICH）中「波希米亞與摩拉維亞」行政區的首府。新德意志劇院位於伏塔瓦河右岸的新市區，中央鐵路車站和國家博物館的中間。1885年日爾曼系的中產階級興建一座屬於日爾曼人的劇院，仿維也納歌劇院型態，但規模略小，建築物正面採新古典式雕刻裝飾，在六根廊柱上面連接三角形雕刻裝飾牆。1945年第二次世界大戰末期，劇院受到部分毀壞，經過簡易修復後又展開營運，改名史麥塔那劇院（紀念捷克偉大的民族音樂家史麥塔那Bedřich Smetana），成為捷克第二順位的國家級劇院（第一順位是布拉格的國家劇院〔NÁRODNÍ DIVADLO〕）。1968～1973年全面整修後改名為邦國歌劇院（STÁTNÍ OPERA），主要表演國際上著名的歌劇、歌曲，而國家劇院主要表演捷克及斯拉夫民族的歌劇、歌曲。

◇面值25＋15分尼／不來梅的市政廳
（Rathaus in Bremen）。2004年7月被
聯合國教科文組織列為世界文化遺產。
◇面值40＋35分尼／敏斯特的市政廳
（Rathaus in Munster）。敏斯特位於德
國的西部，屬於北萊茵─西法倫邦，
1780年成立了敏斯特大學，目前是西
法倫地區的文化中心。

◆ 西德在1964～1965年發行以西
德首都和十一個大行政區的首府
景觀為圖案主題的系列郵票，共
十二枚，面值皆為20分尼。
　◇1964年4月29日發行，下薩克森
邦漢諾威的舊市政廳。（左圖）
　◇1964年5月6日發行，漢堡自由
及漢札城市的海港開港775周
年。（右圖）

◇1964年5月6日發行，許雷斯威希─侯爾斯泰恩邦的基爾海運港。（左圖）
◇1964年5月6日發行，巴伐利亞自由邦慕尼黑的國家劇院。（中圖）
◇1964年5月6日發行，黑森邦威斯巴登的修養院。（右圖）

◇1964年9月19日發行，柏林市的
　國家議會堂。（左圖）
◇1964年9月25日發行，萊茵蘭一
　法爾茨邦美因茨的古騰堡博物館
　（Gutenberg Museum）。（右圖）

◇1964年10月24日發行，北萊茵一西法倫邦杜塞爾多夫市政廳前的彥威廉紀念碑（Jan-Wellem-
　Denkmal vor Rathaus）。（左圖）
◇1965年5月17日發行，首都波昂市（Bonn）的市政廳。（中圖）
◇1965年5月17日發行，不來梅自由漢札城市的市政廳。（右圖）

◇1965年5月17日發行，巴登一符騰
　堡邦斯圖加特的都市景觀，右邊兩
　座 高 塔 是 協 同 教 會 的 教 堂
　（Stiftskirche）。（左圖）
◇1965年10月23日發行，薩爾蘭邦
　薩爾布呂肯的路德威希教堂
　（Ludwigskirche）。（右圖）

◆ 東德郵政當局為配合東西德在1990年10月3日正式統一，於是在1990年7月2日發行一套過渡時期的通用郵資郵票（有別於紀念郵票，亦稱為普通郵票），發行國別則以「DEUTSCHE POST」（德意志郵政之意）取代了東德的德文國名：「DEUTSCHE DEMOKRATISCHE REPUBLIK」（即德意志民主共和國之意，德文簡稱為 DDR，中國大陸則簡稱DDR為民主德國），共九枚，以著名的建築物為圖案主題。

◇面值10分尼／東德東南部買森的阿爾布雷希特堡（ALBRECHTSBURG/MEISSEN）。
◇面值30分尼／東德西南部威瑪的哥德－席勒紀念碑（GOETHE-SCHILLER-DENKMAL/WEIMAR）。

◇面值50分尼／柏林的布蘭登堡大門（BRAN-DENBURGER TOR/BERLIN）。
◇面值60分尼／東德西南部基夫豪舍山脈、法蘭克豪任浴場療養地附近（Kyffhäusergebirge bei Bad Frankenhausen）的基夫豪舍紀念塔（KYFFHÄUSERDENKMAL）。

加郵站

　　基夫豪舍紀念塔於1890～1896年興建，高81公尺，塔頂立了一個皇冠造型體高6.6公尺；塔的底部有一座神聖羅馬帝國皇帝弗利德里希一世（因留著紅鬍鬚故被稱為紅鬍子皇帝，1122-1190）的石雕像，高6.5公尺；塔的中層有一座威廉一世（1871年加冕為德意志帝國的第一位皇帝，1797-1888）騎馬青銅像，高9.7公尺，因此又稱為威廉皇帝國家紀念塔（Kaiser-Wilhelm-Nationaldenkmal）。

◇面值70分尼／東德東南部的德勒斯登尚陪歌
劇院（SEMPEROPER/DRESDEN）。
◇面值80分尼／柏林西南方的波茨坦無憂宮
（SCHLOSS SANSSOUCI/POTSDDAM）。

◇面值100分尼／東德西南部埃森那赫的瓦特堡（WARTBURG/EISENACH）。
◇面值200分尼／東德中西部的馬格德堡雙塔大教堂（MAGDEBURGER DOM）
◇面值500分尼／東德西北部的許未林宮（SCHLOSS SCHWERIN）

（二）著名景觀的郵票

　　德國1993～2000年發行六套景觀系列專題郵票，以德國著名的景觀圖
為圖案主題。

◆ 1993年7月15日發行三枚，面值皆為100分
尼，圖案分別是：
◇德國東北部「旅根」（Rügen）島瀕波羅的海的
海岸。旅根島是德國最大的島嶼，面積約935
平方公里。

◇德國中部的「哈茨」（Harz）山脈，呈東南至西北走向，長95公里、寬35公里，面積約2000平方公里，山區共有六十萬居民。圖案選自該區最著名的觀光勝地勾斯拉，圖案左邊是市集教堂聖科斯瑪斯與大米安（Die Marktkirche St. Cosmas und Damian）；右下是在勾斯拉的皇宮，亨利三世的夏季離宮。勾斯拉的舊市街在1992年被聯合國教科文組織列為世界文化遺產。

◇德國中部的「高丘」（Hohe Rhön）山脈，分佈於巴伐利亞、黑森和圖林根三邦交界處，最高峰是圓頂形狀的分水嶺（Wasserkuppe，「Wasser」「kuppe」分別是「水」「嶺」之意），標高950公尺。由於德國的山林動植物保育工作做得很徹底，高丘位於北緯50度線，保留特殊的高緯度生態系統，因此在1992年被聯合國教科文組織指定為「生物圈保留區」。

◆ 1994年7月14日發行四枚，面值皆為100分尼，圖案分別是：

◇德國南部巴伐利亞邦的「阿爾卑」（Alpen，原意是高山或白峰）山區，圖案的中下處是德國最著名的城堡——新天鵝堡（Neuschwanstein），位於富森（Füssen）東南方約4公里靠近奧地利邊界處。

1869年9月5日巴伐利亞邦的路德威希二世國王下令興建新天鵝堡，1886年初接近完工可以居住時，路德威希二世就住進宮殿，到了1886年6月13日國王去世，留下一些尚未完成的部分就停止。新天鵝堡的外型也激發了許多現代童話城堡造型的靈感，包括迪士尼遊樂園的睡美人城堡以及灰姑娘城堡等。

加郵站

◇德國東南部與捷克交界的「厄茨山脈」（Erzgebirge）上的巨大岩石，山脈綿延150公里長。（左圖）

◇德國中部黑森邦東南角的「美因塔爾」（Maintal），在美因河北岸。（中圖）

◇德國東北部的「梅克倫堡的湖泊平原區」（Mecklenburgische Seenplatte）。（右圖）

◆1995年7月6日發行四枚，面值皆為100分尼，圖案分別是：

◇巴伐利亞邦北部的「法蘭克的許懷茲」（Fränkische Schweiz）。德國南部著名的旅遊休閒區，區內有一百五十多座宮殿、城堡以及一千個以上的石灰岩洞穴，皆為尋幽探勝的好地方。該區也是世界上啤酒釀造廠密度最高的地方，區內每個村莊都有一間或是更多間的啤酒釀造廠。

◇柏林西邊的「哈菲爾河流域景觀」（Havellandschaft）。圖案中是哈菲爾河中孔雀島宮殿，於1794～97年興建，弗利德里希·威廉二世的寢宮，1990年被聯合國教科文組織指定為世界文化遺產。哈菲爾河是易北河的支流，全長325公里。

◇東部薩克森邦東部與波蘭接壤的「上勞其茨」（Oberlausitz）。「lausitz」一詞是源於當地少數民族「所部人」（Sorb）使用的「所部語」（Sorbian），係「沼澤之意」，目前約有七萬人使用「所部語」，語系屬於西斯拉夫語。在「上勞其茨區」約有五萬五千多人使用「上所部語」（hornjoserbsce），在「下勞其茨區」（Niederlausitz，位於布蘭登堡邦的東南部）約有一萬四千多人使用「下所部語」（dolnoserbski）。

◇西部北萊茵—西法倫邦東南部的丘陵區—「紹爾地區」（Sauerland）。「Sauer」一詞源於中古世紀的低地日爾曼語，「Sur」即「困難」之意，因為本區多山丘、河谷，在古代旅行時要穿過本區相當困難而取此名稱。但是山丘上茂密的森林、河谷中充沛的溪水卻提供煉鐵需要的木柴和冷卻水，後來又發現蘊藏量豐富的鐵礦和煤炭，所以該區在中古時代已經成為煉鐵的地方。如今煉鐵

廠都移到附近的魯爾（Ruhr）工業區，該區就利用以前的運木道改為健行步道、清澈的水源設立礦泉浴場，在冬天利用丘嶺積雪發展為滑雪場，因此成為德國中西部最著名的旅遊休閒勝地。

◆ 1996年4月11日發行四枚，面值皆為100分尼，圖案分別是：

◇北部許雷斯威希—侯爾斯泰恩邦東部瀕波羅的海的「侯爾斯泰恩的許懷茲」（Holsteinische Schweiz），在基爾與呂貝克（Lübeck）兩個都市之間的自然公園區（Naturpark）。圖案中是該區最著名的波冷宮（Schloss Plön），1633～1636年興建，前面就是該區最大湖泊——大波冷湖（Große Plöner See，面積30平方公里）。

◇東部札雷河的「札雷蘭景觀區」（Saalelandschaft），圖案是位於卡爾卑（Calbe）南方的札雷河曲（Saalebogen）。札雷河發源於巴伐利亞邦近捷克邊境處，在馬格德堡東南方的小鎮壩比（Barby）附近注入易北河，流長413公里，因為大都流經薩克森邦，所以又稱為薩克森的札雷河。（左圖）

◇東德中部的「史普累河森林」（Spreewald）區，在柏林東南方100公里處，面積約484平方公里，區內的原住民約五萬人，屬於西斯拉夫族的「所部人」或「文德人」（Wends），至今仍保留自己的語言、服飾及習俗。區內的史普累河支流及小運河甚多（超過兩百條），形成水道網（總長約1300公里），溼地仍保有原始森林，而松樹林長在沙質乾地。由於該區現存一萬八千多種動植物，因此在1991年被聯合國教科文組織指定為「生物圈保留區」。（中圖）

◇最西部的「埃菲爾」（Eifel）丘陵區，涵蓋區域包括北萊茵－西法倫邦西南部丘陵及萊茵蘭－法爾茨西北部丘陵，面積超過5300平方公里，自2004年起其中110平方公里規劃為「埃菲爾國家公園」。（右圖）

◆ 1997年發行三枚，面值皆為110分尼，圖案分別是：

◇東南部巴伐利亞邦的東南地方「巴伐利亞森林」（Bayerischer Wald）區，東邊與捷克的波希米亞森林區（就地形而言兩區屬於同一山脈）接壤，區內最主要的河流是雷根河（Regen），流長165公里，在雷根堡（Regensburg）注入多瑙河。1970年10月7日西德政府將巴伐利亞森林區中240平方公里劃歸為德國的第一座國家公園－－巴伐利亞森林國家公園（Nationalpark Bayerischer Wald）。（左圖）

◇西北部的「北德溼地景觀區」（Norddeutsche Moorlandschaft），在易北河和威澤河（Weser）下游之間的沼澤區。（中圖）

◇西北部的「呂內堡灌木叢曠野」（Lüneburger Heide）自然保護區，因在呂內堡西南方而得名，在漢堡南方約40公里、不來梅東方約70公里、漢諾威北方約90公里處，介於阿勒河（Aller）與易北運河間的低丘陵地區，高度在海拔50至169公尺之間，面積234平方公里。（右圖）

◆ 2000年發行兩枚，面值皆為110分尼，圖案分別是：

◇東南部巴伐利亞邦的「帕紹」（Passau），因當地在多瑙河、印河及益次河三條河流交會處，成為當地最著名的觀光景點，所以又稱為三河市（Dreiflüssestadt）。圖案由左至右分別是印河、多瑙河、益次河，中上方有三個圓頂高塔就是帕紹的地標──聖史提返大教堂（Dom St. Stephan，巴洛克式建築），教堂內裝有號稱世界最大座的教堂管風琴。

◇西部薩爾蘭邦西北邊梅特拉赫（Mettlach）小鎮附近、梅特拉赫至莫紀希（Merzig）間的「薩爾河的彎曲河道」（Saarschleif，簡稱薩爾河曲）。薩爾河源於法國東北部的多農（Donon），流經法國的洛林省（Lorraine）和德國的薩爾蘭邦，在萊茵蘭－法爾茨邦最西邊的孔次（Konz）注入摩哲爾河（Mosel），在法國的河段長126公里、在德國的河段長120公里，合計流長246公里。

加郵站

多瑙河在當地自西北方流向東南方，印河是多瑙河南岸的支流（下游成為德國與奧地利的邊界河，發源於瑞士的阿爾卑斯山區，流長517公里），益次河是多瑙河北岸的支流（發源於巴伐利亞森林山區，流長65公里），但在交會處實際計算三條河面寬度則以印河為最寬，多瑙河的河道旅遊觀光船係以帕紹為起點而向下游航行。

◆ 東德在1971年5月4日發行一套所部的舞蹈服飾（Sorbische Tanztracht印在圖案外上緣）
專題郵票，共四枚，圖案外下緣是用「所部文」表示各區的舞蹈服飾。

◇面值10分尼／許萊斐（德文Schleife印在圖案右上），所部文
Rejowanska drasta Slepo，位於薩克森邦的東北部所部民族「上勞
其茨」區，與波蘭交界處的小村，人口約三千。

◇面值20分尼／和也斯位達（德文Hoyerswerda印在圖案左上），
所部文Rejowanska drasta Wojerecy，位於薩克森邦的東北部，
在東德時代發展為新興的褐煤礦發電工業都市。

◇面值25分尼／科特布斯（德文Cottbus印在圖案右上），所部文
Rejowanska drastwa Chośebuz，位於布蘭登堡邦的東南部，該邦的
第二大都市（僅次於波茨坦），在德勒斯登的東北方54公里處，接近東
德與波蘭的邊界，自中古世紀以來以出產羊毛而聞名，是所部民族
「下勞其茨」區的文化中心地。兩德統一後，失業率漸增，居民紛紛前
往西德謀職。

◇面值40分尼／卡門茨（德文Kamenz印在圖案右上），所部文
Rejowanska drasta Kamjenc，位於薩克森邦的東部小鎮，在德勒斯
登東北方40公里處。德國著名的哲學家與詩人雷星（Gotthold
Ephraim Lessing）1729年誕生於此。

德國各地的建築與景觀

第三章

德國西部著名都市

3
德國西部著名都市

（一）漢堡——德國最大的海港、第二大都市

　　漢堡的德文正式名稱為Freie und Hansestadt Hamburg，英譯Free and Hanseatic City of Hamburg，即「自由及漢札城市漢堡」之意，在德國聯邦的行政地位上與各邦同格（相當於我國的直轄市），面積755.16 平方公里。

　　漢堡位於德國北部易北河下游，離易北河注入北海之河口處110公里，介於北海與波羅的海之間，由於優越的地理位置，在八百多年前已經發展成貿易港。1189年，神聖羅馬帝國皇帝弗利德里希一世頒發特許令，使得漢堡成為帝國的自由市（不受當時王侯的掌控而擁有充分的自主權）。1241年和東邊的呂貝克港都共同組成掌控北海和波羅的海貿易權的「漢札同盟」，並成為同盟中的核心都市。

　　1520年代，該市皈依路德會，漢堡接納了從荷蘭和法國來的新教徒難民。那時它在丹麥統治之下，也是神聖羅馬帝國的一部分，1768年，丹麥承認它是一個帝國自由城市。十九世紀後半時期漢堡快速發展，人口超過80萬，大西洋貿易的增長使其成為歐洲第二大港口。

　　漢堡曾經遭受幾次大火摧毀，特別是1284年和1842年。最後也是最嚴重的一次發生在第二次世界大戰期間，1943年7月24日至8月2日盟軍對漢堡大轟炸所引起，炸死了四萬兩千多人。如今漢堡市中心幾乎沒有1842年以前建造的建築物，連1945年以前的也很少留存。1962年2月16日易北河大洪水淹沒了漢堡五分之一的地區，超過300人死亡，18,000人無家可歸。

◆ 1910年代漢堡的中央鐵路車站（Hauptbahnhof）。

◆ 1910年代漢堡的中央鐵路車站與石門橋（Steintorbrücke）。

◆ 1910年代漢堡的高架鐵路（Hochbahnstrecke）橋，聯結雷定市場和樹堤（在漢堡的市中心、易北河北岸），跨越內港（über Binnenhafen）。

◆ 1930年代漢堡尼科萊大教堂（Nikolaikirche），旁邊即尼科萊運河。由於市區內有許多河流，所以漢堡成為全世界最多橋樑（超過兩千三百座）的都市。

◆ 西德在1987年5月5日發行一套「歐羅巴」（EUROPA）專題郵票，指每年歐洲郵政電訊部會議（The European Conference for the Administration of Postal Affairs and Telephone Communication，簡稱CEPT印在圖案中上）的會員國所發行的共同主題郵票，1987年度的主題是現代建築，面值80分尼，圖案是漢堡的「克爾布郎德橋」

（Köhlbrandbrücke）。該橋位於漢堡港都中心，跨越易北河，主要聯絡北岸的市區和南岸的港區，也是德國七號聯邦自動車道（相當於國道高速公路）的跨河高架橋。

　　克爾布郎德橋為了適應當地的強風，採用鋼纜（88條，每條直徑10公分）撐吊式，鋼纜支撐點是中段的兩座高橋柱（高度135公尺），中間跨幅520公尺，包括引道（坡度4%）全長3940公尺，共豎立了75座橋柱。為了使進出港的大型船舶可以從橋下通過，因此跨河的橋段離河面高55公尺，總共用了81,000立方公尺的混凝土、12,700噸的鋼鐵，施工期間四年，總工程費一億六千萬馬克，在1974年9月9日啓用，平均每天有三萬輛車通過。

　　漢堡是歐洲第二大港（僅次於荷蘭的鹿特丹），世界第九大港。2004年貨物吞吐量達一億一千五百萬噸，處理七百萬個標準貨櫃單位（standard container units〔TEU〕）的轉運。

　　TEU係twenty-foot equivalent units之簡寫，即「相當於20英尺長貨櫃單位」之意。全世界貨櫃的標準型依長度區分為五種（ft即英尺，m即公尺）：20 ft (6.1 m), 40 ft (12.2 m), 45 ft (13.7 m), 48 ft (14.6 m)和53 ft (16.2 m)。其中以「40英尺長」在國際貨櫃運輸中最為普遍，其次是「20英尺長」，至於「48英尺長」、「53英尺長」則用於美國國內貨櫃運輸。

　　標準貨櫃的長度20英尺（6.1公尺）、寬度8英尺（2.44公尺）、高度8.5英尺（2.59公尺），容積約39立方公尺。所以「40英尺長」的貨櫃則等於兩個TEU計算單位。

◆ 德國（德文國名Deutsches Reich印在圖案的
上緣）在1937年11月4日發行一套冬令救濟
（Winterhilfswerk印在圖案的下緣）附捐郵
票，其中一枚面值25＋15分尼（售價40分
尼，郵資25分尼，附捐15分尼作為冬令救濟）
圖案主題是「漢堡—美洲航運公司」的「漢
堡號」客船停泊在漢堡港碼頭，圖案左側是
起重機。「漢堡號」客船於1925年由Blohm
& Voss AG, Hamburg造船廠承造，登記母
港：漢堡港，順位：21455 BRT註冊總噸，
長：193.5公尺，寬：22.1公尺，吃水深：

12.8公尺。第二次世界大戰爆發後，許多德國商船被德國海軍徵用，漢堡號在1940年被改
為運兵船，1945年3月7日在波羅的海旅根島的Sassnitz港外被兩枚魚雷擊沉，1950年被蘇
聯撈起改造為捕鯨母船，1977年解體。

　　　「漢堡-美洲航運公司」1847年5月27日由幾位漢堡的商人組
成，經營越大西洋航線，因為德文全名太長了所以簡稱為
HAPAG。十九世紀下半期，歐洲戰事連連（1848～1850年普
魯士與丹麥第一次許雷斯威希戰爭、1864年第二次許雷斯威西
戰爭、1866年普魯士與奧地利戰爭、1870～1871年普魯士與
法國戰爭），歐洲人民為躲避戰禍，因此掀起前往美洲的移民
潮，「漢堡-美洲航運公司」的越洋客船載著一批又一批的歐洲
移民前往美洲，1900年成為越大西洋航線的最大航運公司。

加郵站

◆ 西德在1973年3月15日發行德國著名都市系列郵票中之一種,面值40分尼,圖案正中是一艘當時最新型的越洋大貨櫃船,背景是漢堡港都的高樓景觀。

◆ 西德在1989年5月5日發行紀念漢堡海港開港800周年,面值60分尼,圖案正中是一艘大海船,前方有領航船(引導大船進出港)行噴水禮表示歡迎進港及慶祝開港800周年,左邊是一艘參加慶典的帆船。

　　漢堡不僅在德國的對外貿易和海運居於重要地位,當地居民在文化藝術等方面也有相當出色的表現,不少知名大師誕生於此,音樂方面有泰勒曼、孟德爾頌、布拉姆斯等。現任德國總理梅克爾博士1954年7月17日生於漢堡,2005年11月22日就任成為德國第一任女總理。

◆ 巴洛克時期的音樂大師——泰勒曼(Georg Philipp Telemann)。1681年3月14日生於馬格德堡,1767年6月25日卒於漢堡。1720～1767年曾在漢堡最大的五間教堂擔任聖樂隊長。漢堡五大教堂是:聖米迦利斯(St. Michaelis)、聖彼得(St. Petri)、聖雅各比(St. Jacobi)、聖尼科萊(St. Nikolai)、聖佳塔鄰(St. Katharinen)。西德在1981年2月12日發行一枚泰勒曼誕生300周年紀念郵票,面值60分尼。

◆ 幸福的浪漫音樂大師——孟德爾頌（Felix Mendelssohn Bartholdy）。1809年2月3日生於漢堡，1847年11月4日卒於萊比錫。德國在1997年10月9日發行一枚孟德爾頌去世150周年紀念郵票，面值110分尼，右側是孟德爾頌側面肖像，左側是親筆樂譜手稿。

◆ 新古典樂派大師——布拉姆斯（Johannes Brahms）。1833年5月7日生於漢堡，1897年4月3日卒於維也納。西德在1983年5月5日發行一枚布拉姆斯誕生150周年紀念郵票，面值80分尼，圖案是布拉姆斯34歲時（1867年）在鋼琴前的坐姿像。

◆ 西德在1956年5月2日發行一枚呂內堡建城一千周年（1000 JAHRE LÜNEBURG，印在圖案上緣）紀念郵票，面值20分尼，圖案主題是呂內堡的巴洛克式古建築物，中前方是當地的著名地標——位於伊爾梅瑙（Ilmenau，易北河的支流）河畔的舊式起重機。

　　呂內堡位於漢堡東南方50公里，於公元956年建城。人們利用從地下的岩鹽層噴出含鹽分高的礦泉所精製成的鹽，一部分經易北河運往漢堡，大部分經陸路運到呂貝克，再轉運到漢札同盟的各城市。由於當時北歐捕撈的鱈魚需要大量的鹽來加工做成鹹魚乾，而波羅的海的海水含鹽分較低，且連續日照期間短，所以波羅的海沿岸各地的漁獲加工廠必須仰賴呂內堡供應的精製鹽，因此不少呂內堡的鹽商累積大量財富。呂內堡在十三世紀成為當時歐洲最富有的城市之一，繁榮景況持續到十七世紀初遭受「三十年戰爭」（1618～1648年天主教派與基督教新教派發生衝突所引起的戰爭）和鼠疫的打擊才沒落。

（二）呂貝克——漢札同盟的首都

　　呂貝克（Lübeck）位於德國北部特拉維河（Trave）注入波羅的海處，舊市街則建於特拉維河中島上，曾經是漢札同盟的首都，現今是德國瀕波羅的海的最大海港、施雷斯威希—霍爾斯泰因邦的第二大都市。

◆ 大德意志國在1943年10月24日發行一枚呂貝克建城800周年紀念郵票，面值12＋8分尼，主題是呂貝克在漢札同盟時期的港都景觀圖，中前方是呂貝克最著名的地標侯斯登門（Holstentor），港內停泊的帆船是漢札同盟時期的貿易船。

◆ 1948年9月1日德國在美、英、法三國盟軍佔領區時代，以德意志郵政（DEUTSCHE POST）名稱發行一套普通郵票，其中面值1德意志馬克（Deutsche Mark，簡寫為DM）的圖案主題是呂貝克舊市街西方的侯斯登門，1464～1478年建的磚造哥德式建築以作為防禦城堡，如今成為呂貝克唯一留存的城堡大門遺蹟。

◆ 西德在1973年9月14日發行一款呂貝克大教堂（Dom zu Lübeck）建堂800周年紀念郵票，面值40分尼。

◆ 西德在1990年1月12日發行一款呂貝克舊市街（ALT-STADT LÜBECK印在上緣）被聯合國教科文組織定為世界文化遺產（WELTKULTURERBE DER UNESCO印在下緣）的紀念郵票，面值100分尼，圖案主題是呂貝克的舊市街。中間是侯斯登門，左上兩座同樣的尖塔是聖彼得教堂，右上兩座同樣的尖塔是天主教大教堂（Lubecker Dom）。

(三）基爾──許雷斯威希─侯爾斯泰恩邦首府

基爾（Kiel）位於德國北部基爾運河東端注入波羅的海處，許雷斯威希─侯爾斯泰恩（Schleswig-Holstein）邦的最大都市。1871年德國統一後，德國皇帝威廉一世指定基爾和威廉港（Wilhelmshaven，濱北海）做為帝國軍港，基爾也成為德國的造船中心，因此在第二次世界大戰期間遭盟國軍機猛烈轟炸，基爾港都受到嚴重破壞。戰後進行重建，但是都市規畫者無意恢復舊有古蹟的風貌，所以不少受損嚴重的建築物完全被拆除，留存下來的也未加整修，不像附近的呂貝克重新修復古建築物。

◆ 德國在1982年5月5日發行一枚基爾週100周年
（100 JAHRE KIELER WOCHE）紀念郵票，面
值60分尼，圖案主題是在基爾比賽的帆船。

　　1882年6月23日有20艘掛帆遊艇參加第一屆基爾週賽船，地點在基爾北方的潟可湖（Schilksee），以後成為基爾的年度大事。除了1915～1919年、1940～1946年因第一及第二次世界大戰期間停辦外，每年夏天吸引世界各國好手來基爾大顯賽船技巧。
　　1936年德國在柏林第一次舉辦奧運會（第11屆），但是賽船項目配合當年度的基爾週活動在基爾的潟可湖舉行。1972年德國在慕尼黑第二次舉辦奧運會（第20屆），賽船項目再度配合當年度的基爾週活動在基爾的潟可湖舉行。

加郵站

◆ 德國在1993年2月11日發行一套為運動附捐郵票，面值60分
尼，圖案主題是奧運會比賽的場所，其中面值170＋80分尼的
圖案是位於基爾的奧運會賽船港（Olympiahafen Kiel，印在圖
案左上）和觀看台。

◆ 德國在1992年3月12日發行一枚基爾市750周年紀念
郵票，面值60分尼，圖案主題是基爾港都景觀圖，右
上印基爾市徽，中前是一艘拖船，最左是訓練用的帆
船，左邊的尖塔是市政廳，市政廳的右下是海運博物
館（將以前的漁獲拍賣館改建），中間的尖塔是尼科
萊大教堂。

溝通北海和波羅的海的基爾運河

　　波羅的海位於德國的東方，德國人稱之為東海（Ostsee）。基爾運河的西
端在瀕北海的布倫斯必特（Brunsbüttel，易北河入北海處附近），東端在基爾
北方附近的侯登瑙（Holtenau），穿越日特蘭（Jutland）半島，長98公里。

　　當初會興建基爾運河，是因為德國的西北邊瀕北海，東北邊瀕波羅的
海，中間隔著日特蘭半島，當今半島的南部歸德國管轄（1864年之前由丹麥
統治），以北是丹麥的領土。從波羅的海往北海航行的船舶必須繞經日特蘭
半島，不僅費時且得冒不確定的風險。因為波羅的海的出口在日特蘭半島的
北部，經常吹著強勁的西北風，威脅航行船舶，所以1777～1784年在丹麥統
治時，利用半島上的愛德（Eider）河道，在其上游開鑿一條通到基爾北方

附近的侯登瑙、長43公里的運河，於是聯成一條新的水道，從愛德河入北海口處恬寧（Tonning）起到侯登瑙，原有的愛德河道加上愛德運河（Eiderkanal）全長共175公里。因為水道在許雷斯威希一侯爾斯泰恩邦轄區內，所以合稱為「許雷斯威希一侯爾斯泰恩運河」（Schleswig-Holsteinischer Canal），在1784年10月18日啟用通航。

◆ 西德在1984年8月21日發行一枚「許雷斯威希一侯爾斯泰恩運河」完工啟用200周年（Eröffnung des Schleswig-Holsteinischen Canals 1784）紀念郵票，面值80分尼，圖案主題是1784年船舶通航的情景，運河上有一座橋面可分開拉起的橋，以便船舶通行。

　　1871年德國統一後，德國海軍新造的大型戰艦、一般大商船都無法通行愛德運河（寬29公尺、深3公尺，僅可航行三百噸的船舶），基於軍事和商業利益的考量，德國決定興建新的運河，1887年6月3日在侯登瑙動工，除了拓寬和加深愛德運河，在連德斯堡（Rendsburg）另鑿向西南方的新運河，通到易北河入北海處附近的布倫斯必特，經過八年施工，在1895年6月21日由德國皇帝威廉二世在侯登瑙主持完工暨通航典禮，命名為「威廉皇帝運河」（Kaiser-Wilhelm-Kanal，即後來通稱的基爾運河），河道寬67公尺、深9公尺，節省519公里的航程。二十世紀初新造的軍艦、商船噸位更大，因此在1907～1914年進行第一次改善工程，河道拓寬為102公尺、掘深為11公尺。

　　第一次世界大戰結束後，在1919年由戰勝的協約國主導的凡爾賽合約

中規定基爾運河成為國際水道,希特勒掌權後在1936年拒絕履行,宣佈基爾運河是德國的水道,直到第二次世界大戰結束後才重新開放。1965年部分河面再度拓寬為162公尺。如今基爾運河成為全世界最繁忙的人工水道,2004年統計有四萬一千多艘船通過、承載量八千萬噸。

　　西德在1970年6月18日發行一枚「北一東海運河開通75周年」(75 Jahre Nord-Ostsee-Kanal)紀念郵票,面值20分尼,圖案上方是航行於運河的海運客船,下方是公路以鑿隧道方式從運河下面穿過。隧道位於北部的市鎮連德斯堡附近,1957~1961年興建,長640公尺,連引道共長1278公尺,左右各一條車道寬6.8公尺。

◆ 這是蓋基爾郵局發行首日紀念郵戳的首日封(英文First Day Cover簡稱FDC,德文Ersttag 即「首日」之意),戳中刻印經過運河的貨船,首日封的左方印基爾運河位置圖,圖中標明位於運河東西兩端出入口附近都市名稱,右上的「OSTSEE」即「東海」之意,左下的「NORDSEE」即「北海」之意。

◆ 德國在1995年6月8日發行一枚「北一東海運河開通100周年」（100 Jahre Nord-Ostsee-Kanal）紀念郵票，面值80分尼，圖案是運河的位置圖——日特蘭半島以及丹麥的各島嶼，右上是斯堪地那維亞半島的南部，紅線表示繞經日特蘭半島的航道，藍線表示通過運河的航道，左邊是北海，右邊是波羅的海。

◆ 德國在2001年4月5日發行一枚德國著名橋樑系列郵票，面值100分尼（等值於0.51歐元），圖案主題是跨越基爾運河的「連德斯堡鐵路高架橋」（Eisenbahnhochbrücke Rendsburg）。這是建於1911～1913年的鋼骨橋，為了方便航行於運河的大型船舶從橋下通過，所以設計成高於河面42公尺的高架橋，主橋墩間跨幅140公尺，全長2486公尺，連同坡道長7.5公里。橋

上的鐵路是從漢堡經夫連斯堡通到丹麥的夫雷德里西亞。

加郵站

　　連德斯堡鐵路高架橋的最大特色就是為了連接兩岸的公路交通，工程師設計了一台懸吊滑車，滑車的滑輪在高架橋跨河面部分（跨幅135公尺）的鋼樑下部外緣滑行，滑車用鋼纜懸吊一台車廂，車廂的平台長14公尺、寬6公尺，可載四輛汽車和60名行人。滑車過河大約只需一分半鐘，運行時段從早晨5點到夜晚23點，每隔15分鐘運行來回一趟，成為當地非常特殊的景觀，鐵路高架橋也成為當地最著名的地標。

（四）漢諾威──下薩克森邦首府

　　漢諾威（Hannover）位於德國西北部的下薩克森邦（Niedersachsen），為該邦首府，面積204.01平方公里。這是中世紀時期在萊內河（Die Leine）岸邊建立的城鎮，原名Honovere，可譯成「高的河岸」。最早是一個住著漁夫和擺渡人的小村莊，到了十三世紀逐漸發展成一個較大的城鎮。十四世紀漢諾威教堂建立，同時還建造了有三個城門的城牆，用以保護城市。1636年加連堡（Calenberg）公爵決定把他的宅第搬遷到漢諾威，他的公國後來也就被稱為「漢諾威公國」。

　　他的後裔中出現幾位英國國王，其中第一位就是喬治一世（1714年即位），共有三位英國國王同時也是漢諾威的選帝侯。1837年，英國和漢諾威的共土邦聯（personal union）中止，因為威廉四世在英國的繼承人是女性，而漢諾威則只能由男性繼承。之後，漢諾威王國一直延續到1866年，在當年被普魯士吞併。被吞併之後，漢諾威人民一直反對普魯士政權。然而漢諾威繼續成長，直到第二次世界大戰，整個城市的三分之二被盟國轟炸機炸成廢墟。

　　戰後漢諾威以承辦商業博覽會而聞名。1947年英國佔領區的軍管政府下令舉辦工業博覽會，在一家名叫聯合輕合金工廠的廠址舉辦展覽會，沒想到展覽會竟然大獲成功，有幾十萬人前來參觀，此次展覽會隨後發展成世界上最大的工業博覽會。每年4月，來自全球六千多家廠商參展，成為世界最新機器設備和新技術的指標。除了一年一度的工業博覽會外，1986年起又從工業博覽會分出CeBIT（辦公技術、資訊通信展覽）、航空博覽會、國際建築博覽會等，將博覽事業提升到新的層次。2000年，漢諾威承辦世界博覽會。

◆ 1991年1月8日，德國發行一款漢諾威建城750周年紀念郵票，面值60分尼，圖案主題是漢諾威的主要建築物，正中的青色圓頂建築是新市政廳（Neues Rathaus），新市政廳左側高塔是市集廣場教堂（Marktkirche）。

◆ 1999年德國發行一款2000年漢諾威世界博覽會宣傳郵票（左側印有EXPO2000HANNOVER DieWeltausstellung），面值110分尼，展覽期間2000年6月1日至10月31日（印在右上）。圖案設計內容複雜：左下圓弧行內是歐洲地圖，右下是設計製圖，中間是空中巴士噴射機和德國的高速快車，左上是風力扇發電機和發射太空梭，右上的紅點抽象圖形是漢諾威世界博覽會標誌。

◆ 2000年德國發行一套2000年漢諾威世界博覽會紀念郵票，共兩枚。
◇面值100分尼／左上的眼睛表示「觀看」世界博覽會，右下是世界博覽會的變化圖形標誌。
◇面值110分尼／中上方是從外太空看地球，右上的指紋表示「用手觸摸」資訊設備，右下是世界博覽會的變化圖形標誌。

（五）不來梅——德國第二大港都

　　不來梅（Bermen）位於德國西北部的威澤河運港，距離威澤河注入北海處約64公里，僅次於漢堡的德國第二大港都，十世紀開港以來已成為德國

◆ 1976年拍攝的威澤河畔與「不來梅市」景觀。

最古老的貿易港，1358年加入漢札同盟，1427年退出。由於港市繁榮，累積
不少財富，1646年升格爲神聖羅馬帝國的自由漢札城市，此種特殊地位一直
維持至今。不來梅和漢堡一樣都是德意志聯邦的自由漢札城市（如同我國的
直轄市），位階和各邦相同。

　　市政廳西側門邊有一座「不來梅市樂隊」（Die Bremer Stadt-Musikanten）
銅像，由上而下是公雞、貓、狗、驢子四隻動物，約兩公尺高，1953年由雕
塑家馬爾克斯（Gerhard Marcks，1889-1981）雕製塑造，每年有很多觀光客
來此觀賞。

　　讀者也許會覺得不來梅市民未免小題大作，將一則童話故事中的四位
主角請一位德國著名的雕塑大師做成銅像，還安置在不來梅市最重要的市政
廳門口旁邊。其實這座銅像象徵不來梅市民自中古世紀以來所追求不受封建
王侯統治的「都市自主權」，故事中的四位主角代表不來梅市民的四種階層
（驢子代表一般勞動階層，狗代表漁民和獵戶，貓代表治安和守衛人員，公
雞代表爲民喉舌的議員），故事比喻四隻動物就是不願被主人控管，而強盜
就是指欺壓百姓的封建王侯，四隻動物同心協力趕走強盜，則比喻全體不來

梅市民趕走封建的王侯。不來梅在八世紀起被大主教統治，雖然曾經加入漢札同盟，但是為了維護自主權三次退出同盟，經過全體市民不斷的努力，終於在三十年戰爭結束後取得「自由漢札城市」的自主權。

◆ 東德在1971年11月23日發行一張小全張，內有六枚郵票，圖案的主題採用格林童話「不來梅樂隊」中的重要情節，故事發生於不來梅市附近的農村。

◇面值5分尼／有一隻驢子年紀大了，不能再替她的主人工作，主人有意把牠殺了，牠就趕緊離開，前往不來梅市，想做一個音樂家。

◇面值10分尼／老驢在路上首先遇到一隻獵狗趴在地上，他說年紀太老了，無法替主人追捕獵物，主人想要打死牠，只好逃命。老驢就約牠一起去不來梅市當音樂家。

◇面值15分尼／老驢和老狗在前進的途中，遇到了一隻可憐的貓。他說歲數太大了，跑不動，抓不到老鼠，女主人認為牠沒有用了，想把她打死，所以趕緊逃出來。老驢和老狗就邀請老貓一起去不來梅市當音樂家。

◇面值20分尼／三隻動物再往前走，遇見一隻老公雞站在屋簷上，說是年老了不能按時啼叫，女主人覺得牠沒有用了，於是吩咐女廚師把刀子磨利，準備把牠殺了作成菜餚，好在晚上招待客人。他們就邀請老公雞一起做伴，大夥兒前往不來梅市當音樂家。

◇面值25分尼／但是他們到了晚上還趕不到不來梅市，路經一處森林，只好在那裡過夜。老驢和老狗躺在樹下，老貓和老公雞都爬到樹上。老公雞向四周看了一遍，發現遠處有一個地方

發出亮光，於是對大夥兒說：「在這裡看得見燈光，附近一定有住家。」老驢提議大家到那裡去借住一晚，大夥兒就走向發光的地方。當他們走到燈光明亮的屋子前，老驢抬頭往裡面一看，原來是一群強盜坐在豐盛的酒席上，大吃大喝呢！於是他們商量怎樣才能把強盜趕走，然後就可以享受一頓豐盛的晚餐。計策決定好了，老驢把前腳放在窗口，老狗爬到老驢的背上，老貓跳到老狗的背上，老公雞蹲在老貓的頭上，然後一起出聲，老驢吼，老狗吠，老貓叫，老公雞啼。

◇面值30分尼／由於他們跳進去碰到窗上的玻璃，發出乒乓怪聲，強盜們聽到這一連串嚇人的聲音，以為什麼怪物跑進來，害怕得紛紛逃出屋子，跑進森林裡去。於是他們就躺在桌子旁慢慢享受食物。從此以後，由四隻動物組成的不來梅市音樂隊就很快樂地住在那裡。

◆ 西德在1982年1月13日發行，面值40分尼，主題就是老公雞、老
貓、老狗、老驢所組成的不來梅市樂隊（Bremer Stadtmusikanten
印在圖案右側）。

不來梅港

　　十九世紀初大型的海運船舶陸續進入威澤河，航行到不來梅逐漸發生
擁擠情形，於是不來梅自由市在1827年向當時的漢諾威王國購買位於威澤河
注入北海處的東岸土地做為不來梅的外港，1947年正式成為不來梅邦所管轄
的港市。目前不來梅港（Bremerhaven）是世界上第16大貨櫃港，每年處理
三百五十多萬個貨櫃的轉運。每年輸出入的車輛超過一百三十五萬輛，成為
歐洲僅次於鹿特丹的第二繁忙車輛輸出入港。近幾年來，不來梅港的貨櫃轉
運數量和車輛的輸出入總數量都逐年成長。

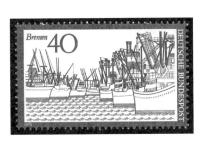

◆ 西德在1973年10月19日發行德國著名都市系列郵
票中之一枚，面值40分尼，圖案主題是不來梅港
內停泊的商船和碼頭上的起重機。

（六）杜塞爾多夫——北萊茵—西法倫邦的首府

杜塞爾多夫（Düsseldorf）位於德國西部，萊茵河下游河畔，魯爾工業區的核心都市之一，德國服裝、廣告、通訊業的重要都市，市內有一千多間廣告公司，通訊業是近年來在杜塞爾多夫快速發展的行業。由於杜塞爾多夫有許多日資企業公司，所以成為歐洲最多日本人聚居的都市。

杜塞爾多夫最早出現於1135年的文獻中，1186年納入伯格（Berg）的領地，1280年伯格統治者的駐紮所遷到此地，1288年8月14日伯格統治者阿多夫五世得到建城許可權，1380年杜塞爾多夫成為伯格領地的首府。十九世紀中期受賜於工業革命，迅速發展成為工業都市。

◆ 1910年代位於杜塞爾多夫的跨萊茵河鐵橋（Rheinbrücke），市街電車在橋面上行進。

◆ 1926年拍攝的杜塞爾多夫觀光
遊覽用小火車（Düsseldorf
"Gesolei" — Liliputbahn），
右後是跨越萊茵河的鐵橋。

◆ 西德在1988年5月5日發行一枚杜塞爾多夫建城700周年（700 JAHRE STADT DÜSSEL-
DORF印在圖案左側）紀念郵票，面值60分尼，圖案是杜塞爾多夫的建築物，右上是為於
萊茵河畔的萊茵塔（Der Rheinturm，1979～
1982年興建，高240.5公尺），右下是劇院
（Shauspielhaus），左上圓頂是音樂館
（Tonhalle），左下是藝術珍藏館
（Kunstsammlung），正中是宮殿塔
（Schloßturm），中前是市政廳前的彥威廉紀念碑
（Jan-Wellem-Denkmal vor Rathaus。彥威廉即
約翰‧威廉二世選帝侯，1658-1716）。

（七）杜伊斯堡——歐洲最大的內河港

　　杜伊斯堡（Duisburg）位於德國西部的魯爾工業區，在杜塞爾多夫北方
25公里，萊茵河與魯爾河（Ruhr）會流處，由於良好的地理位置，在古羅馬
帝國時代就形成一個市集和水運交通中心，1290年成為神聖國馬帝國的自由
城市。十九世紀以來隨著產業革命的進展，市區沿著兩河的河岸發展為具有

轉運功能的現代河港及工業都市，主要是煉鋼業（佔德國粗鋼產量的34.4%）和化工業，目前是北萊茵─西法倫的第五大都市（次於科隆〔Köln〕、埃森〔Essen〕、多特蒙〔Dortmund〕、杜塞爾多夫），德國的第十二大都市。

杜伊斯堡港（Duisport）是歐洲最大的內河港，可以從內河延伸至海洋的商港，船舶沿著萊茵河進入北海航向歐洲、非洲和近東地區各海港。港區的中心位於魯爾河注入萊茵河的河口，已有290年的歷史。

杜伊斯堡港的每年吞吐量大約是四千萬噸。每年有超過兩萬艘船（包括海運及河運船舶）在此停泊。港區佔地740公頃，其中佔地180多公頃的21個碼頭綿延了40公里長的河堤。此外杜伊斯堡港含有佔地265公頃的物流倉庫。如果加上許多大型公司在此地用自己的碼頭轉運貨物，杜伊斯堡港的總吞吐量可以達七千萬噸，而德國最大商港漢堡的最近一年貨物吞吐量為一億一千五百萬噸。

◆ 德國在1991年9月12日發行一種「萊茵河
　與魯爾河港──杜伊斯堡港275周年」紀
　念郵票，面值100分尼，右邊是碼頭的裝
　卸貨設施，下面是載貨船隻。

（八）武伯塔爾──特殊的捷運交通系統

武伯塔爾（Wuppertal）位於德國西部，北萊茵─西法倫邦的中央位置，在杜塞爾多夫東方30公里，1929年8月1日由愛伯費德（Elberfeld）和巴門（Barmen）及所轄的城區Cronenberg、Ronsdorf、Vohwinkel與東部的

Beyenburg一起合併，當時稱爲巴門－愛伯費德（Barmen-Elberfeld）。1930年結合民意改名爲武伯塔爾。

在德文中，Wupper是該市所在地的一條河名（萊茵河的支流，流長112.8公里），Tal是山谷的意思。武伯塔爾是魯爾工業區內的重要工業都市，目前當地的主要產業是製藥、化學（Bayer拜耳）、車輛、印刷設備等，著名的止痛藥「阿斯匹靈」就是在當地的拜耳製藥廠研發成功。

武伯塔爾的懸垂式鐵路（Schwebebahn）是世界上最特殊的捷運交通系統，也是最吸引觀光客的交通工具。由Eugen Langen設計，1900年動工，1901年完成啓用，在Oberbarmen區與Vohwinkel區之間，長13.3公里，爲節省施工期間以及替市政府省下徵收市區土地的龐大支出，所以用鋼架將鐵軌撐起，呈梯形高架，一部份架在市街上高度8公尺，一部份架在武伯河面上高度12公尺，車廂上面的懸臂式滑輪在鐵軌上滑行，最快時速60公里，平均時速26.6公里，每列車可載200名乘客，所需時間35分鐘。2003年統計年度乘客人數達兩千三百萬。

◆ 1959年拍攝的武伯塔爾懸垂式鐵路車站，電動車正要出站。

◆ 1961年5月10日至14日在武伯塔爾的巴門舉行北萊茵－西法倫邦青年集郵社團的第一屆全
邦青年展覽。主辦單位發行一種以懸垂式鐵路電動車實際載運的紀念信封，信封左邊印
「運行中的懸垂式鐵路電動車」，中上蓋紅色半圓形的紀念章，圓弧上刻印
「1.Postbeförderung」（第一次郵政載運），底邊刻印「mit der Wuppertaler Schwebebahn
Barmen-Vohwinkel」（以武伯塔爾的懸垂式鐵路，巴門至福文克）。右上貼1960年10月1日
發行的社會福利附捐郵票面值20＋10分尼（圖案是格林童話「小紅帽」故事中的獵人拿著
剪刀正要剪開野狼的大肚子），郵票上蓋郵展地點，也就是郵件的起運站巴門的郵展紀念郵
戳（日期1961年5月10日）。信封中央蓋郵件的到達終站福文克。

　　四十多年前全世界有捷運系統的都市並不多，而此種紀念
信封用懸垂式鐵路的捷運系統載運卻是全世界的第一次，如今
此種紀念封成為全世界鐵道郵迷追求的最熱門郵品之一。本封
的珍貴性在於信封正面印著「起點日期郵戳」、「迄點日期郵
戳」及「郵展紀念章」等三種清晰的戳記，另外就是品相非常
良好（無摺痕和斑點）。

◆ 西德在1976年4月6日發行
一枚武伯塔爾的懸垂式鐵
路啓用75周年（75 JAHRE
WUPPERTALER
SCHWEBEBAHN）紀念郵
票，面值50分尼，圖案是
行進間的懸垂式鐵路電動
車。此圖是1976年在武伯
塔爾舉行德國國家郵展期
間（1976年4月6～11日）
所印製的武伯塔爾的懸垂
式鐵路啓用75周年及郵展
紀念信封，右上貼紀念郵
票蓋武伯塔爾發行首日紀念郵戳。

◆ 1976年行進間
的武伯塔爾懸垂
式鐵路電動車，
下面就是武伯
河，地點在武伯
塔爾的巴門。

◆ 德國在2001年2月8日發行一枚武伯塔爾的懸垂式鐵路啓用100周年（100 Jahre Wuppertaler Schwebebahn）紀念郵票，面值「110＋50」分尼（印在左上）、「0.56＋0.26」（歐元，印在右下），圖案是用當年的懸垂式鐵路電動車，下面就是武伯河。

◆ 2001年在武伯塔爾舉行德國國家郵展期間（2001年5月24～27日）所印製的武伯塔爾的懸垂式鐵路啓用100周年及郵展紀念信封，右上印與紀念郵票完全相同的郵資圖案，蓋武伯塔爾的國家郵展紀念郵戳（日期2001年5月26日）。

（九）科隆——北萊茵—西法倫邦人口最多的都市

　　科隆（Köln）位於杜塞爾多夫南方35公里處，萊茵河中游的西岸，是德國內陸最重要的河港口之一，萊茵地區的經濟和文化中心，也是德國人口第四多的都市（次於柏林、漢堡、慕尼黑）。

　　科隆在公元50年已發展成一個城市，785年成為一位大主教的城邦。科隆大主教是神聖羅馬帝國的七個選帝侯之一。中世紀科隆大主教時期控制了一大片領地，但是在1288年被科隆市民擊敗而被迫遷往波昂。

　　科隆曾經加入漢札同盟，1475年成為自由城市。1798年起被法國佔領期間，科隆失去了城市自主地位，在那時科隆重新設立大主教。1815年的維也納會議上，科隆成為普魯士王國的一部分。

　　接著科隆開始工業化。而在1248年開始興建、但在十六世紀中期停工的科隆大教堂終於在1880年完工，成為科隆的地標。到了二十世紀初，科隆合併了周圍的小城鎮，到了第一次世界大戰期間已經擁有60萬人口。第二次世界大戰期間幾乎被盟軍轟炸機夷為平地，市區的大部分都成了廢墟。

加郵站

　　科隆的德文地名Köln源自公元前39年古羅馬帝國時代，日爾曼部族在此建立殖民地，拉丁語稱為Colonia，法文、英文則稱為Cologne，在1919年之前德文地名拼成Cöln。

科隆在德國電視產業佔有十分重要的地位，西德廣播電視台（Westdeutscher Rundfunk，簡稱WDR，德國最大公共廣播台的最大分支機構）、盧森堡無線電電視台（Radio Télé Luxemburg，簡稱 RTL，1980年代以後開放私人媒體許可而成立的最大和最成功的私人商業電視台），都設在科隆。儘管東西德統一以後柏林吸引了一批媒體產業，但目前科隆仍然是德國主要的電視和電影製片公司的聚集地。

◆ 1910年代拍攝的科隆中央鐵路車站，右上印「Cöln a. Rh.—Hauptbahnhof」即「在萊茵河畔的科隆——中央鐵路車站」之意，圖片用Cöln，可證實在1919年之前拍攝。

◆ 1930年代從西南方自
飛機拍攝的科隆市區
景觀圖，中間是科隆
大教堂，右上是科隆
中央鐵路車站。

◆ 1930年代拍攝的科隆觀
光遊覽用小火車，背景
是跨越萊茵河的鐵橋：
侯 亨 佐 倫 橋
（Hohenzollernbrücke，
長409.19公尺）。

◆ 1972年11月10日西德發行一款科隆嘉年華會慶典
（Karneval in Köln）創辦150年紀念郵票，面值40
分尼。圖案是嘉年華會中三位扮成丑角的藝人，由
左至右分別是表演舞蹈、敲鼓、拉手風琴。

德國西部著名都市

科隆大教堂

　　科隆大教堂是德國最大的教堂，也是世界最高的教堂之一，位於科隆市中心，萊茵河畔，並以輕盈、雅緻著稱於世。

　　科隆大教堂的北塔高157.38公尺，南塔高157.31公尺，1880年重建完工時是全世界最高的建築物，此項記錄一值保持到1884年美國的華盛頓紀念碑（高169.294公尺）完工，但仍然是全世界第二高的哥德式教堂（僅次於德國烏爾姆大教堂高161.53公尺）。科隆大教堂總長144.58公尺、最寬86.25公尺。在第二次世界大戰期間科隆大教堂曾受到盟軍轟炸機十四次的轟炸，但並未崩塌，戰後開始整修復建，直到1956年完工。1996年被聯合國教科文組織列為世界文化遺產。

◆ 1948年8月15日德國在美、英、法三國盟軍佔領區時代，以德意志郵政名稱發行一套科隆大教堂安放基石（在1248年開始興建）七百周年紀念附捐郵票，共四枚。附捐金額做為重建科隆大教堂的經費。

◇面值6＋4分尼／冠冕聖母像。
◇面值12＋8分尼／在耶穌誕生時向耶穌奉獻寶物的三位賢士（另一說是指三位王）。

◇面值50＋50分尼／科隆大教堂的尖塔。

◇面值24＋16分尼／科隆大教堂全景。

◆ 1948年9月1日德國在美、英、法三國盟軍佔領區時代，以德意志郵政名稱發行一套普通郵票，其中面值5、10、25、40、60分尼的圖案主題是科隆最著名的地標——科隆大教堂。

◆ 1980年10月9日西德發行一款科隆大教堂重建完工100周年（100 JAHRE VOLLENDUNG DES KÖLNER DOMS）紀念郵票，面值60分尼，圖案是1880年科隆大教堂完工落成大典時在南塔安置最後一塊拱頂石。

◆ 2003年3月6日德國發行一款科隆大教堂被聯合國教科文組織列為世界文化遺產紀念郵票，面值0.55歐元。此圖是蓋發行首日紀念郵戳的首日卡片，郵戳中的花紋是科隆大教堂的拱頂彩色玻璃框。

◆ 德國郵政當局為了2003年3月21～23日德國的郵商聯盟總會（ALLGEMEINER POST-WERTZEICHEN-HANDLER-VERBAND-EV簡稱APHV，該會圓形標誌印在紀念信封的左下角）在科隆舉辦「集郵及電話卡與錢幣展」（Philatelia mit T'card & Münz Expo）而發行一款紀念信封。右上印科隆大教堂被聯合國教科文組織列為世界文化遺產紀念郵票之圖案，面值0.55歐元，左上方印科隆大教堂與侯亨佐倫橋的黃昏景色照片，照片下緣印「Faszination Sammeln」、「Internationale Messe für Briefmarken，Münzen，Telefonkarten und Zubehör」即「收藏魅力」、「國際郵票、錢幣、電話卡與裝飾物展覽」之意。

◆ 2005年德國發行一種科隆大教堂完工125周年（125 Jahre Vollendung Kölner Dom）紀念信封，右上印科隆大教堂被聯合國教科文組織列為世界文化遺產紀念郵票之圖案，面值0.55歐元。信封中左方印1880年10月15日完工時的科隆大教堂，左下印1842年擴建科隆大教堂時的情景圖，圖下有三格德文說明：最左「1248 Beginn des Neubaus eines gotis-chen Doms in Köln」即「1248年在科隆開始新建一座哥德式大教堂」之意，中間「1322 Einweihung des gotischen Chors」即「1322年奉獻一座哥德式聖壇」之意，最右「1842 Erweiterung um das Querschiff und die zwei Türme」即「1842年擴建教堂外側建築和兩座高塔」之意。

科隆大學

　　科隆大學在1388年5月21日創立，1389年1月6日正式授課，是神聖羅馬帝國時期創立的第四所大學，1798年被法國政府關閉（1794年拿破崙率領法國軍隊入侵佔領萊茵地區）。直到1919年5月19日當時科隆市長愛德諾（Konrad Adenauer，第二次世界大戰後出任西德第一任總理）簽署現代科隆大學許可狀後，科隆大學才得以復校。到了1925年發展為德國第二大的大學（僅次於柏林的菩提樹大道大學）。

加郵站

神聖羅馬帝國時期共創立了四所大學：

　　第一所是1348年創立在布拉格的卡爾大學（Karls-Universität Prag）

　　第二所是1365年創立的維也納大學（Universität Wien）

　　第三所是1386年創立在海德堡的盧普勒希特‧卡爾大學（Ruprecht-Karls-Universität in Heidelberg）

　　第四所是1388年創立的科隆大學（Universität zu Köln）

◆ 德國在1997年發行一款奧古斯土斯堡與獵趣宮
（Schlösser Augustusburg und Falkenlust）被聯合
國教科文組織列為世界文化遺產的紀念郵票，面值
100分尼。左上是奧古斯土斯堡宮（1725年由科隆大
主教下令興建），右下是獵趣宮（1729～1740年興
建），位於布旅爾（Brühl，在科隆南方20公里）。

◆ 1988年5月5日西德發行科隆大學創立600周年（600 Jahre Kölner Universität）紀念郵
票，面值80分尼，圖案是建築物。郵票下方是主建築物（類似主要行政大樓），中上是科
隆大教堂的兩座尖塔。附圖是蓋波昂郵局發行首日紀念郵戳的首日封，戳中刻印1389年授
課的情形，首日封的左方印科隆大學主建築物及前方廣場。

（十）西德第一任總理──愛德諾博士

1876年愛德諾出生於科隆的一個公務員家庭，曾就讀於弗萊堡、慕尼黑、波昂大學，專攻法律和政治。1906年開始從政，同年當選科隆市議員，1909年成為科隆市副市長，1917～1933年擔任科隆市市長，1933年因反對國家社會主義黨（即希特勒領導的政黨，依音譯簡稱納粹黨）被解除職務，在1934年、1944年兩度被捕入獄。

1949年73歲的愛德諾領導基督民主聯盟參加戰後西德第一次大選獲得勝利，在1949年9月12日就任西德聯邦總理，組成基督民主聯盟──基督社會聯盟和自由民主黨的聯合政府，1962年發生《鏡》雜誌記者因報導西德軍隊的缺點而被內閣授命的警察逮捕事件，在1963年10月15日引咎辭去總理職務。1950～1966年擔任基督民主聯盟的第一任黨主席。

主要政績

1949年愛德諾以「第一次世界大戰後戰勝國對德國強行索賠導致納粹勢力抬頭」為由，說服戰勝盟國不要大量拆除德國原有的工業設施，才能使得西德的經濟在戰後迅速復原，以及近三十年的持續高度成長。

1951年愛德諾與勞工階層、企業主代表達成協議，給與工人較大的決策權，維持西德戰後勞資關係的相對和諧。愛德諾推動西德於1954年加入北大西洋公約組織（美國與西歐盟國為對抗蘇聯主導的華沙公約而在1949年4月4日成立），並且在1955年擺脫了西方戰勝盟國的控制，使得西德聯邦成為一個擁有獨立自主權的國家。

1955年在蘇聯訪問期間，他促成蘇聯釋放德國戰俘返回德國、蘇聯與西德建交。愛德諾和法國總統戴高樂化解了德國、法國因兩次世界大戰所產

生的敵對與仇視，1963年簽署的德法條約奠定了歐洲共同體（歐洲聯盟的前身）合作的基礎。

備受讚譽與肯定

他在1967年4月19日以91歲高齡在萊茵的連多夫蒙主恩召。愛德諾去世後，不少西德民間團體表示：「感謝愛德諾為德國人民所做的一切」和推崇他的「勤奮、剛毅、正直」品格以及「實事求是」的認真態度。他的政敵也讚賞他是一位偉大的政治家，具有「真正領導者的風範」。西方評論界普遍讚譽他「以他的鐵肩支撐危局，帶領一個戰敗、百廢待舉的國家經過嚴厲的考驗，終於度過難關，振興經濟」。2005年11月28日德國電視台投票評選最偉大的德國人，結果是愛德諾排名第一，宗教改革家馬丁・路德第二。

◆ 1968年4月19日西德發行一種小全張紀念西德聯邦第一任總理愛德諾博士去世一周年，小全張內含四枚郵票，其中在最上方的一枚，面值50分尼，是愛德諾博士肖像。此圖是蓋發行首日紀念郵戳的首日封，紀念郵戳內刻一朵愛德諾最喜歡的玫瑰花，首日封左邊印愛德諾素描肖像。

◆ 1976年1月5日西德發行一枚愛德諾博士誕生100周年紀念郵票，面值50分尼，圖案是愛德諾博士側面肖像。

◆ 1992年3月12日德國發行一枚愛德諾博士去世25周年紀念郵票,面值100分尼,圖案是愛德諾博士晚年肖像。

◆ 西德在1988年1月14日發行一種德國、法國合作條約簽署25周年(1963及1988印在圖案最中央)紀念郵票,面值80分尼。左邊是愛德諾肖像,右邊是戴高樂肖像,中上為德文「25 JAHRE VERTRAG über die DEUTSCH-FRANZÖSIS-CHE ZUSAMMENARBEIT」(「德

國一法國合作條約25周年」之意)及愛德諾簽名,中下有戴高樂簽名及法文「XXVe ANNIVERSAIRE du TRAITE SUR LA COOPERATION FRANCO-ALLEMANDE」(「法國一德國合作條約25周年」之意)。

(十一) 波昂──西德聯邦時代的首都

波昂(Bonn)位於德國西部,在科隆南方30公里,科布倫茨(Koblenz)以北60公里,面積141.22 平方公里,人口在1939年已突破十萬大關。1949年西德聯邦成立時基於國防安全考量(在萊茵河西岸,並且離東西德邊境較遠)及適中的地理位置,所以將首都定於波昂。隨著聯邦政府機構的增設,人口持續成長,如今已成為德國少有的大型都市。

1949～1990年波昂是西德聯邦的首都，直到1999年仍然是政府所在地。目前波昂還保有六個聯邦部門，是德國第二大政治中心。1996年聯合國的環境與發展事務組織也設於波昂。前政府機構區改建成現在的波昂國際會議中心，此區還會繼續改建，以便新的國際性組織機構進駐。2000年以後，聯邦政府的大部分機構和各國的駐德國大使館都已遷到新首都柏林，波昂市因此失去做為首都的地位，導致大量的辦公設施閒置。因此波昂市政府計畫向國際機構都市轉型，透過有利的優惠條件吸引聯合國在內的許多國際性組織進駐波昂。包括聯合國教科文組織歐洲總部在內的，共計有12個聯合國機構駐在波昂，此外尚有部分聯邦政府機構未遷往柏林，依然留在波昂，以及一些國際非政府組織還在波昂保留聯絡處或辦公室。

◆1910年代拍攝的波昂鐵路車站。

◆ 法國在1963年4月27日發行一套歐洲共同市
場成員國的代表性偉人郵票,其中一枚面值
0.20法郎的郵票中間是貝多芬,左邊是貝多
芬出生的故居(在波昂),右邊是流經波昂
的萊茵河段景觀。

◆ 1977年5月17日西德發行一套「歐羅巴」(EUROPA)專題郵票,指每年歐洲郵政電訊部
會議的會員國所發行的共同主題郵票,1977年度的主題是各國的景觀,共兩枚:
◇面值40分尼/穿越雷恩山區(Rhön,位於德國中部,主要山峰在800～950公尺)的自動車道
(即高速公路)。
◇面值50分尼/流經波昂附近的萊茵河段景觀。上面是七連山(Siebengebirge),下緣是當時
西德聯邦鐵道由E 103型電力機關車牽引的快速旅客列車。

◆ 1978年8月17日西德發行一種1978年在
波昂舉行的第65屆國際國會會議紀念郵
票,面值70分尼。主題是位於波昂在萊
茵河畔的西德聯邦國會眾議院大廈
(Bundeshaus)。

◆ 1986年6月20日西德發行一種德國歷史上著名的建築物小全張，內含三枚郵票，面值皆為80分尼，這裡選出與波昂有關的兩張：

 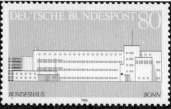

◇ 位於波昂的王博物館（Museum Koenig，國際著名動物學研究機構），此處之「Koenig」（德文即「王」之意）是指紀念鳥類學專家及大學教授Alexander Koenig (1858-1940)。（左圖）
◇ 位於波昂在萊茵河畔的西德聯邦國會眾議院大廈。（右圖）

1948年9月德國西部各邦議會選出的65名代表組成制憲會，聚集於「王博物館」討論及策劃新的憲法，終於在1949年5月8日通過西德聯邦的基本法。基本法將德意志聯邦共和國分成11個邦，制定國會由聯邦眾議院（Bundestag，議員由直接普選產生，即通稱之下議院〔Lower House〕）和聯邦參議院（Bundesrat，議員代表各邦政府，即通稱之上議院〔Upper House〕）組成，因此「王博物館」被稱為「誕生德意志聯邦共和國之家」。

◆ 1989年1月12日西德發行一種波昂建城兩千年（2000 JAHRE BONN）紀念郵票，面值80分尼，圖案是從萊茵河東岸眺望波昂的景觀圖。左上方是古德堡舊址（Die Ruine der Godesburg），中上方有三座尖塔的教堂是波昂的地標──波昂天主教大教堂（Bonner Münster，主塔高92公尺），大教堂的左邊是選帝侯宮殿（Kurfürstliches Schloss，目前成為波昂大學校總區行政處），右下是波昂市徽，市徽上面是貝多芬音樂館（Beethovenhalle），左下是一艘航行於萊茵河的觀光船。

（十二）科布倫茨

科布倫茨（Koblenz）在1926年以前德文拼成Coblenz，源於拉丁文 Confluentes，合流之意。地處德國中西部萊茵河左岸、波昂東南方50公里 處，位於摩澤爾河（Mosel）與萊茵河會流處，面積105.02平方公里，是萊 茵蘭—法爾茨邦（Rheinland-Pfalz）的第三大都市（僅次於美因茨 〔Mainz〕、萊茵河畔的路德威希港〔Ludwigshafen〕）。

◆ 1992年1月9日德國發行一種科布倫茨建城2000周年 （2000 JAHRE KOBLENZ印在圖案最下緣）紀念郵 票，面值60分尼，圖案主題是位於摩澤爾河（在圖 案下面的河道）與萊茵河會流處的最著名觀光景點— —德意志角（Deutsches Eck，造型像一艘軍艦的艦 首），右下是科布倫茨的市徽。

◆1900年代初期拍攝的科布倫茨鐵路車站。

（十三）科赫姆

科赫姆（Cochem）是位於德國北萊茵－西法倫邦西邊、摩澤爾河下游河畔的市鎮，全鎮遍佈葡萄園，面積21.21平方公里。

◆ 1970年9月21日西德發行德國著名都市系列郵票之一，面值20分尼，主題是科赫姆的景觀。左上方是科赫姆最著名的地標——帝國城堡（Reichsburg），下方是一艘觀光遊覽船航行於摩澤爾河。

（十四）特里爾——德國葡萄酒發源地

以羅馬時代留存的遺跡而聞名的古都特里爾（Trier），擁有超過兩千年的歷史。位於德國西部萊茵蘭－法爾茨邦的西邊，摩澤爾河中游河畔，德國與盧森堡交界處，面積117.14平方公里。由於摩澤爾河谷盛產葡萄（在北半球是生產葡萄的最北限度），特里爾成為德國葡萄酒的發源地。

◆ 1958年10月1日西德發行一套社會福利附捐郵票，其中一枚面值20＋10分尼的圖案是一位婦女正在採收黃綠色葡萄（生產白葡萄酒的原料）。

◆ 1958年6月3日西德發行一種特里爾中央市集廣場1000周年（1000 Jahre Trierer Hauptmarkt，於958年設立）紀念郵票，面值20分尼，圖案是特里爾中央市集廣場旁邊的建築物，中前方是豎立在廣場的十字碑（Marktkreuz），左邊尖塔是特里爾最古老的聖岡果夫教堂（St. Gangolf）。

◆ 1970年拍攝的特里爾最著名的地標——黑城門。

◆ 1984年1月12日西德發行一種特里爾建城2000周年
（2000 JAHRE STADT TRIER）紀念郵票，面值80
分尼，圖案是特里爾最著名的地標黑城門。

（十五）薩爾布呂肯——薩爾蘭邦的首府

　　薩爾布呂肯（Saarbrücken）位於德國西部薩爾蘭邦的南邊，接近與法
國交界，是該邦首府，也是最大的都市，面積106.07平方公里。

◆ 1973年10月19日西德發行德國著名都市系列郵票中
之一種，面值30分尼，圖案主題是薩爾布呂肯景觀，
左邊尖塔是市政廳，右下是航行於薩爾河的載貨船，
下方是老橋（Alte Brücke）。此橋1546年由神聖羅馬
帝國皇帝卡爾五世下令興建，為該市最古老的建築
物，因跨越薩爾河，所以該市被稱為薩爾布呂肯。

◆ 1996年8月14日德國發行一款舊弗克林根煉鐵鎔爐
（Alte Völklinger Hütte）在1994年被聯合國教科文組織
列入世界文化遺產紀念郵票，面值100分尼，圖案主題
是薩爾蘭邦的舊弗克林根煉鐵鎔爐。

（十六）在萊茵河畔的呂德斯海姆

　　呂德斯海姆（Rüdesheim）是位於德國中西部黑森（Hessen）邦的小鎮，萊茵河東岸進入羅蕾萊（Lorelei）谷地的南口，居民利用河谷斜坡盛產的葡萄釀成著名的葡萄酒，當地秀麗的景觀也成為萊茵河著名的旅遊觀光景點。

◆ 1973年3月15日西德發行德國著名都市系列郵票中之一種，面值40分尼，圖案主題是呂德斯海姆的景觀，圖案下方是「羅蕾萊號」觀光遊覽船航行於萊茵河。因該船航經萊茵河最著名的觀光景點——「羅蕾萊」峭壁而取名。

◆ 此為蓋發行首日紀念郵戳的首日封，郵戳中刻「正反R字型」合成的葡萄酒盃，首日封的左下印金黃色葡萄（象徵當地出產最著名的金黃色葡萄酒）。

◆ 1960年代拍攝的萊茵河中游景觀，河面上有艘觀光遊覽船向上游溯航，河的左岸正有一列列車通過。上方蓋的是1962年1月16日德意志聯邦鐵道法蘭克福管理局所使用的法蘭克福郵局郵資機戳，郵戳的左邊是宣傳戳。

（十七）「羅蕾萊」傳奇及詩歌

羅蕾萊原本拼成Loreley，後來拼成Lorelei。字源於古德語「luren，ley」，即「注意，岩石」之意。

「羅蕾萊」峭壁位於萊茵河中游右岸，約在科布倫茨與美因茨河段中間，離呂德斯海姆約25公里，聖哥爾斯豪森（Sankt Goarshausen）附近，高132公尺，河面寬113公尺，因水面下多暗礁，所以水位（平均深度24公尺）降低時即形成激流，在十九世紀中期以前蒸汽動力船尚未發明，對靠風力或是人力的船舶而言，此處是萊茵河道中最難航行的所在，自古以來常發生船難，因而流傳不同版本的故事。

「羅蕾萊」是故事中的女主角，有的傳說她是萊茵河中的女神或女妖，也有描述她是一位純情貌美的金髮姑娘，站在萊茵河的峭壁上唱著情歌盼望情郎早歸，萊茵河上的船夫經過此處，因常被悅耳動聽的歌聲吸引而抬頭仰望她，稍不留意船就撞上峭壁。

◆ 1970年代拍攝的「羅蕾萊」
峭壁，河面有一艘觀光遊覽
船正要經過。

◆ 德國詩人海涅曾寫一首「羅
蕾萊之歌」東德在1956年2
月17日發行一套海涅去世一
百周年紀念郵票，共兩枚，
面值10分尼與20分尼，都是
海涅肖像。

德國著名詩人及作家海涅（Heinrich Heine, 1797-1856）根據古老的傳說，作了一首著名的德文詩「羅蕾萊之歌」（Loreleylied）：

Ich weiß nicht was soll es bedeuten,
Dass ich so traurig bin;
Ein Märchen aus alten Zeiten,
Das kommt mir nicht aus dem Sinn.

Die Luft ist kühl und es dunkelt,
Und ruhig fließt der Rhein;
Der Gipfel des Berges funkelt
Im Abendsonnenschein.

Die schönste Jungfrau sitzet
Dort oben wunderbar;
Ihr goldnes Geschmeide blitzet,
Sie kämmt ihr goldenes Haar.

Sie kämmt es mit goldenem Kamme
Und singt ein Lied dabei;
Das hat eine wundersame,
Gewaltige Melodei.

Den Schiffer im kleinen Schiffe
Ergreift es mit wildem Weh;
Er schaut nicht die Felsenriffe,
Er schaut nur hinauf in die Höh.

Ich glaube, die Wellen verschlingen
Am Ende Schiffer und Kahn;
Und das hat mit ihrem Singen
Die Lore-Lei getan.

以下是筆者改編之詩句：

不知安怎講，憐惜感嘆深，
神奇古傳說，永記我內心；
涼風暮色照，萊茵河流靜，
峭嶺斜陽立，黃昏朱霞映；
昂神秀姑娘，茫渺岩頂上，
抒著金頭鬃，金梳發金光；
彎腰抒頭鬃，嬌身古調唱，
曲音真奇妙，歌聲感動郎；
船夫聞歌來，魂迷起憐愛，
無視暗礁在，只是望高崖；
船夫隨小船，波中不見形，
全怪羅蕾萊，幽歌所造成。

加郵站

（十八）美因茨——萊茵蘭—法爾茨邦首府

美因茨（Mainz）位於德國西部的萊茵河中游西岸，正對著美因河注入萊茵河的會流處，萊茵河在該市的東北角從「由南向北流」轉爲「由東向西流」，萊茵河圍成美因茨的東界和北界，與隔岸相對的黑森邦首府威斯巴登彷彿成爲一個雙子城。公元前12或13年，羅馬帝國在此建立軍事據點，公元89年成爲羅馬帝國上日爾曼省的省會。公元343年已設立主教領區，780年或782年則被升格爲大主教駐區。

◆ 1964年在美因茨舉辦第四屆歐洲鐵路郵展所印的紀念卡，右上貼1964年9月25日發行的「各邦首府景觀系列郵票」中的一款，圖案主題是美因茨的古騰堡博物館，郵票上蓋郵展紀念戳（日期是1964年9月26日），戳內左邊刻印「美因茨天主教大教堂、葡萄藤及柴油發電的機關車頭」。

◆ 約在1964年拍攝的美因茨的基督大教堂（Christuskirche），屬於基督教福音教派教堂，1896年開始興建，1903年7月2日舉行完工獻堂祝典禮拜。第二次世界大戰期間受到嚴重破壞，在1952年重建，1954年10月31日舉行重建獻堂祝典禮拜。

◆ 1974年5月15日西德發行一種美因茨天主教大教堂
創建1000周年紀念郵票,面值40分尼。

　　公元975年威利吉斯大主教(Erzbischof Willigis)被冊封時,為
了顯示他的威望便開始興建天主教大教堂,後來陸續擴建成擁有六座
塔樓的大教堂,其中西塔樓高83公尺,教堂內部總長109公尺,連同
外部共長116公尺。

　　1244年大主教齊格弗利得三世為了換取市民的支持,便對美因茨
授予廣泛的特權,從此大主教只在名義上是美因茨的統治者,實際上
城市由一個24人組成的城市議會共同治理。美因茨成為自由都市以
後,積極和其他六十多個都市、諸侯締約結盟,在1255年組成萊茵都
市聯盟,當地的手工業和商業得到保護而發展,美因茨成為德國南部
的重要經濟中心。

◆ 1930年代拍攝的美因
茨鐵路中央車站。

◆ 蓋美因茨鐵路中央車站一百周年慶典（Jubiläumsfest 100 Jahre Bahnhof Mainz Hbf）以及德國鐵道150周年（150 Jahre deutsche Eisenbahnen）紀念戳的實寄（寄到瑞士的Zürich）紀念封，日期是1985年6月22日，戳內左邊刻印「美因茨鐵路中央車站」，紀念封左邊是1884年落成時的素描，當時美因茨鐵路中央車站擁有歐洲最長的加頂蓋月台。

（十九）歐洲活版印刷術的發明家——古騰堡

　　約在1448年，古騰堡（Johannes Gensfleisch zur Laden zum Gutenberg，約1390年代〔德國官方認爲約在1400年〕生於美因茨，1468年2月3日卒於美因茨）利用葡萄壓榨機改良成新式印刷機，使用的字母鑄模由鉛、鋅和其他金屬的合金組成，此種鑄模冷卻得非常快，而且能夠承受印刷時的範本壓力。

　　印刷本身是使用轉軸印刷法，印在羊皮或紙張上。古騰堡將字母鑄模（即通稱之鉛字）排列在印刷板上形成印刷品的張頁版面，此款新方法就是字母鑄模可以重新組合排版使用，所以稱爲活版印刷。以往的木刻底版無法重新使用，一個底版只能印一款版頁，若要印不同的內容就得重新刻製底版，所以印一本書需要許多底版，相對地需要用許多時間去製版。

　　直到今天，古騰堡印的聖經可稱得上印刷藝術中的一款珍寶，尤其它

的排版非常美麗。古騰堡發明的活版印刷術在歐洲迅速普及,五十年中用此款新方法就印刷了三萬多款印刷物,共一千兩百多萬份印刷品。古騰堡的印刷術使得印刷品變得非常便宜,印刷的速度也提高了許多,印刷品數量大為增加,使得歐洲的文盲大量減少,因此法國大文學家雨果稱讚古騰堡的活版印刷術是世界上最偉大的發明。

　　活版印刷術的另一項重大影響就是使得宗教改革的文宣品以及馬丁‧路德翻譯的德文版聖經得以迅速普及。1517年興起的宗教改革運動也因此在美因茨進展順利。

◆ 1948年5月15日匈牙利(MAGYARORSZÁG以馬札爾民族名為國名)發行一套發明家與探險家專題郵票,其中面值1f的圖案主題是紀念古騰堡發明活版印刷術五百周年,左邊是古騰堡肖像,右邊是古騰堡發明的印刷機和印刷品。

◆ 1954年5月5日西德發行一款出版古騰堡印刷42行聖經500周年(500 JAHRE GUTENBERG BIBEL)紀念郵票,面值4分尼,圖案是十五世紀古騰堡用活版印刷42行聖經的情形。

　　《古騰堡聖經》原版係拉丁文譯版聖經，完整的一份內含1282頁，大都裝訂成兩冊。在1455年2月23日開始印刷，一共印了約180份（45份印在羊皮、135份印在紙上）。至2003年統計，現今留存者有11份完整的羊皮版本、1份只印新約的羊皮版本、48份全印在紙上的完整版本，以及一些零散的紙張版本，成為歐美著名圖書館的最寶貴珍藏品。在美因茨的古騰堡博物館珍藏兩份，位於日本東京的慶應大學圖書館也珍藏一份，以倫敦的大英圖書館珍藏一份「彩繪圖飾頁」（illuminated page）部份版本最為珍貴。

◆ 1961年8月3日西德發行一種屬於常用系列郵票，該系列以德國偉人肖像為圖案主題，面值8分尼的主題是古騰堡。此圖是蓋波昂郵局發行首日郵戳的首日封，右上貼有兩枚郵票，右邊的一枚是用螢光紙印的，左邊的一枚是用普通白紙印的。

◆ 1968年5月20日位於西非的達荷美共和國（法文國名REPUBLIQUE DU DAHOMEY印在郵票上方，1975年11月30日改名BENIN）發行一套古騰堡去世五百周年（5e CENTENAIRE DE LA MORTE 1468 · GUTENBERG · 1968印在圖案下方）紀念郵票，共兩枚，屬於航空郵資。

◇面值45F／主題是古騰堡紀念碑，襯底的是法國東北部大都市史特拉斯堡（STRASBOURG）的大教堂。

◇面值100F／主題是在美因茨的古騰堡紀念碑，襯底是古騰堡發明的活版印刷機。圖案外框的左下印「BUNDESDRUCKEREI BERLIN」即承印郵票的「柏林聯邦印刷廠」。

◆ 1983年5月5日西德發行一套「歐羅巴」（EUROPA）專題郵票，1983年度的主題是各國的偉大發明或發現，共兩枚，其中面值60分尼的圖案主題是用古騰堡鑄型印出來的德文字母，圖中是現代的「A」字體鑄模（鉛字）。

◆ 德國在2000年發行一款古騰堡誕生600周年紀念郵票，面值110分尼，圖案正中印古騰堡肖像，周圍印古騰堡鑄模型的德文字母（上面4行印大寫字母，其他印小寫字母）。

德國西部著名都市

（二十）美因河畔的法蘭克福——歐洲的金融首都

　　位於美因河畔的法蘭克福（Frankfurt am Main）是德國中部黑森邦的最大都市，德國人口第五多的都市（次於柏林、漢堡、慕尼黑、科隆），面積248.31平方公里，2005年9月30日統計人口數651,087。如果以整個大都會區計算人口則超過五百萬人，成為德國第二大都會區（魯爾工業區為最大）。

　　因為德國還有一個位於奧得河畔（德國東邊與波蘭的交界河）的法蘭克福都市，為了區分起見，所以都市的正式全名包括河流名，分別稱為美因河畔的法蘭克福（Frankfurt am Main）和奧得河畔的法蘭克福（Frankfurt an der Oder）。

◆ 1948年9月1日德國在美、英、法三國盟軍佔領區時代，以德意志郵政名稱發行一套普通郵票，其中面值2、8、16、20分尼的圖案主題是科隆最著名的地標——羅馬舊街哥德式建築。

◆ 1985年的法蘭克福中央鐵路車站，一列都會區快速鐵路的ET420型電聯車正停靠在月台旁。

◆ 1988年慶祝法蘭克福中央鐵路
車站啟用100周年（1888-1988）
印製的紀念卡，右上印紅底反
白字「DB」即德意志聯邦鐵路
之 德 文 「Deutsche
Bundesbahn」簡寫。圖案以
素描方式描繪一列德意志聯邦
鐵路的第一代「ICE」（都市間
快車Inter City Express之簡
寫，就是德國的高速列車）正
要出站，背景是法蘭克福中央
鐵路車站。

100 Jahre Hauptbahnhof Frankfurt am Main

◆ 1900年代初期法蘭克福中央鐵路車站內部大廳，卡片右下蓋法蘭克福中央鐵路車站啟用
100周年紀念慶典郵戳，日期是1988年9月18日。

德國西部著名都市

◆ 1989年8月10日西德發行一款法蘭克福天主教大教堂建立750周年（750 JAHRE FRANKFURTER DOM）紀念郵票，面值60分尼。1562～1792年，神聖國馬帝國的皇帝都在此座大教堂加冕，屬於哥德式教堂，高95公尺。

法蘭克福證券交易所

　　證券交易起源於1585年春秋各一次的商展交易會，當時以錢幣做為交易工具，所需的錢幣數量也隨著交易量增加，大交易商認為用記帳方式來結算，可以省去搬運錢幣的成本及保管錢幣的風險，於是在1585年秋季商展，85位交易商集會透過協議訂出九種錢幣的比價，做為結算的準則，就是現今外匯市場的各種貨幣兌換率。1820年開始進行證券交易，隨著產業革命在德國蓬勃發展，法蘭克福證券交易所的交易種類和數量也快速擴增，成為歐洲、甚至全球最重要的交易所之一。

　　目前德國最重要的銀行如德國的中央銀行——聯邦銀行（Bundesbank）、德意志銀行（Deutsche Bank）、德勒斯登銀行（Dresdner Bank）和商業銀行（Commerzbank）的總行都設在法蘭克福，由於當地銀行多，所以被歐洲的金融界稱為Bankfurt（銀行城堡之意）。

加郵站

　　法蘭克福的三大經濟支柱是金融、運輸及商展。法蘭克福是許多大銀行總行和經紀商總部的所在地，所以在產業革命以後，就成為德國最主要的經濟、金融中心。法蘭克福證券交易所是德國最大的交易所，也是世界上最重要的證券交易所之一（與紐約、倫敦、東京證券交易所並列為全球四大證券交易所）。

◆ 1985年8月13日西德發行一款法蘭克福證券交易所成立400周年（400 Jahre Frankfurter Börse）紀念郵票，面值80分尼，圖案主題是證券交易所的正面（建於1879年，屬於文藝復興式建築），襯底紅格子反白圖紋是

交易所使用的印章。此圖是蓋波昂郵局發行首日郵戳的首日封，首日封的左方印著發行當時交易廳內部的電子顯示看板、交易櫃檯及正在進行交易的情形。

◆ 1998年德國發行一款「歐洲中央銀行」在法蘭克福成立紀念郵票，面值110分尼，圖案上緣印德文名稱「EUROPÄISCHE ZENTRAL-BANK」，中間印德文縮寫「EZB」（字體內印面額5, 10, 20, 50, 100, 200, 500歐元紙鈔圖案，其上印12顆銀色五角星表示歐洲聯盟創始的12個國家），下緣印歐洲中央銀行所在地法蘭克福「FRANKFURT AM MAIN」。

法蘭克福的摩天大樓及郵政建築

　　自從1998年6月1日歐洲中央銀行（The European Central Bank〔ECB〕）設在法蘭克福以後，帶動金融等相關服務業在法蘭克福更加快速蓬勃發展，成為歐洲四個有摩天大樓的都市之一。依2004年統計，在法蘭克福有十一座

高度超過150公尺的摩天大樓，排名僅次於巴黎（有十二座高度超過150公尺的摩天大樓），領先倫敦的八座、莫斯科的七座。

　　其中商業銀行塔（Commerzbank Tower）高259公尺、56層樓，1994年興建，1997年完工，是當時歐洲最高的摩天大樓，直到2004年才被莫斯科的凱旋宮超越。

◆ 1990年5月3日西德發行一套「歐羅巴」（EUROPA）專題郵票，1990年度的圖案主題是各國的郵政建築物。

◇面值60分尼的主題是位於法蘭克福的圖恩與塔克西斯宮（Palais Thurn und Taxis，1727〜1731年興建）。

◇面值100分尼的主題是法蘭克福的郵政儲金匯兌轉帳局（Postgiroamt）。

　　Thurn係從德文「Turm」（塔）轉音而來，Taxis係從義大利文「Tasso」（柱）轉音而來，圖恩與塔克西斯家在1516年11月12日得到郵政專利權，包辦中歐、西歐、南歐的傳遞信件業務，直到十九世紀中期才被各國的官方郵政局逐漸取代。

◆ 1967年6月3日西德發行一款「塔克西斯的弗郎茨」（Franz von Taxis，1459年生於義大利，1517年卒於布魯塞爾）去世450周年紀念郵票，面值30分尼，圖案主題是「塔克西斯的弗郎茨」肖像，他是塔克西斯家族郵政（最早在義大利）的創辦人。

◆ 1994年2月10日德國發行法蘭克福建城1200
周年紀念郵票,面值80分尼,圖案主題是法
蘭克福市景觀圖,左上是法蘭克福市徽,前面
是舊建築物(中前高塔即法蘭克福天主教大教
堂),後面是新建的摩天大樓。

法蘭克福國際機場

　　此機場在1936年啓用當時是做爲齊柏林飛船的最主要航空站,第二次
世界大戰結束後西柏林被圍困時(1948～1949年),成爲美國運輸機的最主
要支援作業基地。

　　隨著西德經濟的快速成長,客貨運量逐年大幅增加,法蘭克福國際機場
(Rhein-Main-Flughafen或Flughafen Frankfurt am Main)進行擴建工程,第一
航空站場在1972年3月14日啓用,包括三座登機、下機通道大廈;第二航空站
場在1994年10月24日啓用,包括兩座登機、下機大廈。根據2005年的資料,
法蘭克福國際機場已成爲歐洲最大的轉乘、轉運機場。

　　爲了應付逐年快速成長的空運量,法蘭克福國際機場已經決定增建第三
航空站場及第四條跑道,迎接即將開始營運的雙層空中巴士Airbus A-380,現
已經開始修建航空站大廈以及增建可容納Airbus A-380的維修廠。

◆ 1982年7月15日西德發行一款普通常用郵
票,面值230分尼,圖案主題是法蘭克福
國際機場。

◆ 1988年1月14日西德發行一款普通常用郵
票,面值10分尼,圖案主題是法蘭克福國
際機場。

（二十一）修拜亞

修拜亞（Speyer）位於德國西南部萊茵蘭─法爾茨邦的南部，在萊茵河的西岸、海德堡西南方15公里處，面積42.58平方公里。

◆ 1962年9月2日西德發行一款在修拜亞的皇帝大教堂建堂900周年（900 JAHRE KAISERDOM ZU SPEYER）紀念郵票，面值20分尼。此教堂由神聖羅馬帝國皇帝孔拉德二世（Konrad II，990-1039，埋葬於此教堂）在1030年下令起造，直到1061年他的孫子海恩里希四世（Heinrich IV，1050-1106）在位時才完工啓用，是目前世界上還存留最大的羅馬式教堂建築，1981年被聯合國教科文組織列為世界文化遺產。

◆ 1990年1月12日西德發行一款修拜亞建城2000周年（2000 JAHRE SPEYER）紀念郵票，面值60分尼，主題是修拜亞的歷史性建築物，左邊是基督教新教派紀念教堂（Gedächtniskirche，建於1893～1904年的哥德式教堂，塔高72公尺），正中是皇帝大教堂，右邊是舊門樓（Altpörtel，基部於1230～1250年興建，最上部於1512～1514年加蓋，塔高55公尺），最右邊是聖約瑟天主教堂（Sankt Josephskirche）。

第四章

德國南部著名都市

德國南部著名都市

（一） 海德堡

　　海德堡（Heidelberg）是一個充滿活力的傳統和現代風貌都市，曾經是科學和藝術中心，如今在市內和市郊設立許多研究中心。海德堡位於德國西南部的內克河畔，在巴登－符騰堡邦北邊，面積188.83平方公里。

◆ 1972年10月20日西德發行著名都市系列郵票中之一種，面值40分尼，圖案主題是海德堡，圖案下方是跨越內克河的卡爾·提歐垛橋（Karl Theodor Brücke）。

◆ 1986年10月16日西德發行一款海德堡大學（Universität Heidelberg）創立600周年紀念郵票，面值80分尼，圖案主題是海德堡大學校舍。海德堡大學1386年10月16日創校，是德國最古老的大學，目前約有兩萬五千名學生，四百多位教授，包括十二個學院。

◆ 1996年7月18日西德發行一款海德堡建城800周年紀念郵票，面值100分尼。上方是海德堡的古城堡（建於十三世紀），下方是跨越內克河的卡爾·提歐垛橋及兩座黑色塔頂的橋門（Brückentor）。

（二）烏爾姆

　　著名物理學家愛因斯坦（Albert Einstein）的出生地烏爾姆（Ulm）位於德國南部的多瑙河畔，巴登－符騰堡邦東邊與巴伐利亞邦交界處，市區的大部份位於多瑙河西岸。

　　1377年6月30日烏爾姆大教堂（Ulmer Münster）開始興建，經過幾次的拖延，終於在1890年完工。大教堂的尖塔是世界上最高教堂塔，高161.53公尺。

◆ 1977年5月17日西德發行一種烏爾姆大教堂開始興建600周年紀念
　郵票，面值40分尼，圖案是烏爾姆大教堂的正面。

（三）班堡

　　班堡（Bamberg）位於德國南部巴伐利亞邦的北部城市，以鐵路行程計算是在紐倫堡北方63公里處，面積54.58平方公里。班堡建在七座小丘陵上，各有專屬教堂，由於在第二次世界大戰中幾乎沒受到破壞，城市的所有古建築物都被完整保存，1993年起被聯合國教科文組織列為世界文化遺產。

◆ 1978年5月22日西德發行一套「歐羅巴」
　（EUROPA）專題郵票，1978年度的圖案主題是
　各國的紀念性建築物，面值40分尼的主題是班堡
　的舊市政廳（最初建於1387年），位於雷格尼茨
　河（Regnitz）中小島，以兩座橋和市區聯絡。

◆ 1996年9月12日西德發行一款班堡舊市街（Altstadt BAMBERG）被聯合國教科文組織列為世界文化遺產紀念郵票，面值100分尼，圖案主題是班堡舊市街景觀，中右就是班堡的舊市政廳，兩旁各有一座橋，左上四座尖塔是天主教的皇帝教堂（Kaiserdom，最初建於1211～1237年）。

（四）紐倫堡──德國鐵路的發源地

紐倫堡（Nürnberg）位於德國南部巴伐利亞邦的中部，是該邦第二大都市（僅次於慕尼黑）。1050～1571年是神聖羅馬帝國最重要的城市之一，帝國議會（Reichstage）在此召開。1219年在弗利德里希二世（1194-1250）的特許下，紐倫堡升格為自由的帝國都市，不久之後成為義大利通往北歐通商道路上的重要貿易中心。

◆ 1971年5月21日西德發行著名都市系列郵票中之一種，面值30分尼，圖案主題是紐倫堡市景觀圖。

◆ 1994年6月16日德國發行一款神聖羅馬帝國皇帝弗利德里希二世誕生八百周年紀念郵票，面值400分尼，圖案主題是弗利德里希二世坐姿畫像。據說他會講九種語言、書寫七種語文，是天文科學、文藝的贊助者，對於經濟發展頗有遠見，廢除國家獨占專賣、帝國境內的通行稅以及放寬進口控管，在當時稱得上是一位開明的君王。

十九世紀初，紐倫堡隨著工業革命發展成工業都市，1835年12月7日德國的第一段鐵路從紐倫堡通車到富裕特（Fürth，在紐倫堡的北部）。由於紐倫堡和神聖羅馬帝國有特殊淵源，所以1933～1938年被納粹領導階層選中爲大規模集會的場所，當然也特別照顧當地的產業，第二次世界大戰期間成爲生產飛機、潛艇、戰車發動機的重要工廠所在地，因此遭到盟軍多次大規模猛烈轟炸，整個市區受損非常嚴重。戰後1945～1949年盟軍統帥部選定紐倫堡做爲審判納粹戰犯的法庭所在地，進行歷史上著名的紐倫堡大審判（Nuremberg Trials）。

　　戰後紐倫堡的工業快速復興，如今成爲拓展中歐和東歐市場的主要產品工業區，項目包括電力設備、機器、光學產品、車輛和印刷原料，近年來發展自動化、能源、醫療等高科技產業。

　　紐倫堡最光榮的傳統產業就是玩具製造業，每年一度的紐倫堡玩具展是世界最大規模的玩具展，吸引全球的買主和玩家、收藏家來此朝聖，當中最有人氣的就是大人、小朋友都喜歡的模型鐵道（Modellbahn）展，聞名全球的德國模型鐵道製造商總公司和工廠如Arnold、Fleischmann、TRIX等都設在紐倫堡。

◆1969年6月20日剛果共和國（REPUBLIQUE DU CONGO）發行一款紐倫堡國際玩具展（FOIRE INTERNATIONALE DU JOUET DE NUREMBERG印在圖案上緣）郵票，面值100法郎，左側是洋娃娃人形玩偶，中上是玩具火車頭，主題是當年最新款的玩具——電動迴路跑道（上面有一輛「太空車」，跑道上印通電的鍍鋅條，「太空車」的車底以電刷片和鍍鋅條接觸導電後轉動車輪前進）。

◆ 馬利共和國（REPUBLIQUE DU MALI）在1969年發行一套紐倫堡國際玩具展郵票，共四枚。

◇面值5法郎／標題是法文「CUBES GIGOGNES」，即「可套入式方塊」之意。

◇面值10法郎／標題是法文「ÂNE A ROULETTES」，即「裝上小輪子的驢形玩具」之意。

◇面值15法郎／標題是法文「JOUET DEMONTABLE：CANARD」，即「可拆組的鴨型玩具」之意。

◇面值20法郎／標題是法文「CIRCUIT ROUTIER ELECTRIQUE」，即「電動迴路跑道和跑車」之意。

◆ 1969年10月13日尼日共和國（REPUBLIQUE DU NIGER）發行一款紐倫堡國際玩具展（Foire internationale du jouet de Nuremberg印在圖案正中）郵票，面值100法郎，圖案是參展的各種玩具。

◆ 1900年代的紐倫堡中央鐵路車站。

◆ 1960年12月7日西德發行一款德意志鐵路125周年（125 JAHRE DEUTSCHE EISENBAH-NEN）紀念郵票，面值10分尼，圖案是1835年12月7日第一輛蒸汽機關車「鷹」號（ADLER）。

◆ 此圖是蓋有紐倫堡郵局發行首日紀念郵戳的首日封，首日封的左邊印「鷹」號蒸汽機關車第一次牽引旅客列車運轉的素描情景，左上印紐倫堡和富裕特的市徽。

◆ 1985年11月12日西德發行一款德意志鐵路150周年紀念郵票，面值80分尼，圖案是1835年12月7日第一輛蒸汽機關車「鷹」號牽引旅客列車從紐倫堡車站出發前往富裕特時的情景（鐵路長6公里）。本款郵票亦紀念夏雷爾（圖案中穿棕色服裝者）誕生兩百周年，因此圖案下面印有「 Johannes Scharrer 1785-1844」。

　　夏雷爾是紐倫堡成功的企業家，當地儲蓄銀行（Sparkasse）以及幾間專科學校的創辦者，也是德國第一條鐵路「拜耳‧路德威希鐵路」（Bayerische Ludwigsbahn）的創辦者，第一段路線就是紐倫堡至富裕特的鐵路。

◆ 德意志鐵路150周
年紀念明信片，
左上貼德意志鐵
路150周年紀念標
誌（黑、紅、黃
三色條紋表示德
國的國旗），圖案
是當年慶祝活動
的最高潮—「鷹」
號蒸汽機關車公
開展示運轉，司
機穿著1835年的
服裝，蓋富裕特
郵局的紀念郵戳
（日期1985年5月
15日），戳中刻印「鷹」號蒸汽機關車，機關車上方印「Jubiläumsveranstaltung」即「禧
慶活動展示」之意，郵戳外環印「ANKUNFTSTADT DES ADLERS」即「鷹號抵達的都
市」之意。

◆ 背面是正在公
開展示運轉的
「鷹」號蒸汽機
關車。

◆ 德意志鐵路150
周年紀念明信
片，左上貼德意
志鐵路150周年
紀念標誌，圖案
是在當年慶祝活
動的最高潮—
「鷹」號蒸汽機關
車公開展示運
轉，司機穿著
1835年的服裝，
蓋紐倫堡郵局的
紀念郵戳（日期
1985年6月13
日），戳中刻印

「ICE」（都市間快車Inter City Express之簡寫，德國的高速列車），列車上方印
「Jubiläumsveranstaltung」即「禧慶活動展示」之意，郵戳外環印「150 JAHRE
DEUTSCHE EISENBAHNEN」即「德意志鐵路150周年」之意。

◆ 背面是1985年正在
測試的「ICE－V」
（Versuchszug，試
驗型都市間快車），
級數410，發動機最
大出力：8400千
瓦，測試最高時速
406.9公里。

（五）奧古斯堡

奧古斯堡（Augsburg）位於南部巴伐利亞邦的西南部，巴伐利亞邦的第二大都市。公元前15年在古羅馬帝國皇帝奧古斯都（Augustus）統治時，建造成一座邊防要塞城堡稱爲Augusta Vindelicorum，德文簡稱爲Augsburg。1276年3月9日升格爲自由的帝國都市，和紐倫堡同爲義大利通往北歐通商道路上的重要貿易中心。

十六世紀因西班牙、葡萄牙航海家發現通往印度、中國的航路後，歐洲的經濟活動重心移到西歐新興海權國（後起的荷蘭、英國），神聖羅馬帝國也逐漸式微，奧古斯堡的商業地位隨之沒落。

柴油發動機發明人——狄則爾

奧古斯堡到了十九世紀初隨著工業革命發展成工業都市，設立了許多棉花、羊毛紡織廠以及紙張、化學、皮革和機械工廠，其中最有名的就是1897年柴油發動機的發明人狄則爾（Rudolf Diesel，於1892年發明，1893年2月23日得到專利權）在奧古斯堡‧紐倫堡機器製造廠（Maschinenfabrik Augsburg Nurnberg）首先製造實用柴油發動機，爲了紀念他所以又稱爲狄則爾發動機（德文稱爲Dieselmotor，英文稱爲Diesel engine）。

◆ 1958年3月18日西德發行一款狄則爾誕生一百周年紀念郵票，面值10分尼，右邊是狄則爾肖像，左邊是柴油發動機。

狄則爾1858年3月18日於巴黎出生，1913年9月30日乘船渡英、法國間海峽前往英國時離奇失蹤。當時有種合理推測：德國軍事當局怕狄則爾將柴油發動機裝在潛水艇的新科技移轉給英國海軍，所以派情報員跟蹤上船，等到船航行到海峽中，便將狄則爾推落海中，因為幾天後海面發現浮屍，身上佩帶物經證實是狄則爾所有。不到一年後，1914年8月發生第一次世界大戰，德國的潛水艇都裝置性能不錯的柴油發動機，此種推測頗為當時的一般人接受。

◆ 1997年德國發行一款狄則爾製造實用柴油發動機一百周年（100 JAHRE DIESELMOTOR）紀念郵票，面值300分尼，圖案主題是狄則爾發動機，左上是狄則爾肖像。

◆ 1985年1月10日西德發行一款奧古斯堡建城2000周年（2000 JAHRE AUGSBURG）紀念郵票，面值80分尼，圖案主題是奧古斯堡的著名建築物，由左至右分別是1555年天主教徒與基督徒達成和解而共用的聖烏爾里希與阿弗拉教堂（Basilika St.Ulrich und Afra）、聖母大教堂、大力士噴泉（Herakules-Brunnen）、市政廳

（Rathaus，建於1620年的文藝復興式建築）、「富給來」（Fuggerei，1519年為救助市民而興建的社區建築，現今留存世界最古老的社會福祉設施）、富給來後面是Dorint旅館高樓大廈（1971年4月動工，1972年7月2日開幕啟用，高158公尺，該市最高建築物）、富給來右邊是軍械庫大樓（Zeughaus，目前改為教育及展覽館）。圖案右上印奧古斯堡市徽，左前是古羅馬帝國皇帝奧古斯都銅像。

（六）慕尼黑——巴伐利亞邦首府

慕尼黑（德文München，慕尼黑譯自英文Munich）位於巴伐利亞邦的南部，巴伐利亞邦的最大都市，德國人口第三多的都市（僅次於柏林、漢堡），也是德國南部的政治、經濟、文化和交通中心。

慕尼黑在德文中有「修士居住地」含意，最先只有一座基督教修道院。1158年，當時的巴伐利亞與薩克森公爵獅子亨利（Heinrich der Löwe）在修道院附近的伊札爾河（Isar）上架起新橋，一個新的市鎮因而誕生，此乃慕尼黑雛形。

1255年慕尼黑成為小邦首邑，後來成為巴伐利亞的都城。1314年巴伐利亞邦的路德威希四世當選德意志國王，1328年加冕為神聖羅馬帝國的皇帝。他在位期間，以慕尼黑為帝國首都，擴建城垣，奠定了老城的規模。在1618～1648年的三十年戰爭中，瑞典軍隊攻佔了慕尼黑，居民湊足30萬塔勒（Taler，當時銀幣名稱）的贖城費，才保住整個城市不受破壞。1806年，巴伐利亞邦成為王國，慕尼黑也升格為王國的京都。

整個十九世紀是慕尼黑蓬勃發展的黃金時代，人口由5萬增加到50萬。巴伐利亞的歷代王公都大興土木，建造宮殿，甚至修建整條街道，城市面貌大為改觀。其中最有名的是路德威希一世（在位期間1825～1848年），他將一所大學遷到慕尼黑，修建幾座博物館和具有古典式建築風格的路德威希大道，使慕尼黑成為在歐洲具有藝術地位的都市。

1871年德國統一後，直到1918年慕尼黑仍然是巴伐利亞王國的首都。1938年9月英國首相張伯倫（Neville Chamberlain）、法國總理達拉第（Édouard Daladier）、德國的希特勒、義大利首相墨索里尼等四國領袖在慕尼黑集會，簽署「慕尼黑協定」（Münchner Abkommen），把捷克斯洛伐克的蘇台德區（Sudetenland，臨德國邊區，德裔居民佔多數）割讓給德國。

第二次世界大戰期間，慕尼黑先後遭到盟軍的71次空襲，市區建築一半以上受到嚴重破壞，許多地方被夷爲平地。戰後，古建築物按原貌重建，而且新建許多造型特殊的建築物，使得慕尼黑更加發展，成爲德國南部的最大都市。尤其在1972年舉辦第20屆奧運會、1974年舉辦第10屆世界盃足球賽後，慕尼黑更成爲國際上知名的大都市。

◆ 1958年5月22日西德發行一款慕尼黑建城800周年（800 JAHRE MÜNCHEN）紀念郵票，面值20分尼，圖案是慕尼黑市區建築景觀圖，中上的雙圓頂塔樓（高99公尺）是慕尼黑最著名的地標聖母大教堂（Frauenkirche）。

◆ 1978年4月13日西德發行一款在慕尼黑的德意志博物館（DEUTSCHES MUSEUM MÜNCHEN）建館75周年（1903-1978）紀念郵票，面值50分尼。左上是德意志博物館的標誌，左邊圓頂是天文觀測台，右邊高塔是瞭望塔。該館位於伊札爾河中島，1903年6月28日由米勒（Oskar von Millers）在德意志工程師協會的年度大會中倡議建立，是德國最大的科學博物館，近幾年來每年參觀人數約一百三十萬。

第四屆國際花園建設展（Internationale Gartenbauausstellung，簡稱IGA）在慕尼黑舉辦（每隔十年舉辦一次，第一、二、三屆於1953、1963、1973年都在漢堡舉行），期間1983年4月28日至10月9日，展覽場地在西公園（Westpark），佔地72公頃。

◆ 西德在1983年4月12日發行一款第四屆國際花園建設展紀念郵票，面值60分尼。

◆ 此圖是當年發行的紀念圖片，正中印展覽標誌（採用慕尼黑最著名地標聖母大教堂中間繪一朵花），圖片右上是慕尼黑市中心建築景觀圖（右上即聖母大教堂，遠方是覆蓋白雪的阿爾卑斯山脈），右下是展覽場中的湖泊，左下是展覽場中的玫瑰花園（超過五百種、兩萬株），左上是圓環狀露天表演場。

◆ 1948年9月1日德國在美、英、法三國盟軍佔領區時代，以德意志郵政名稱發行一套普通郵票，其中面值4、6、8、15、30、50、84分尼的圖案主題是慕尼黑最著名的地標——聖母大教堂。

◆ 1994年4月14日德國發行一款在慕尼黑的聖母大教堂創立500周年（500 Jahre Frauenkirche in München）紀念郵票，面值100分尼，圖案主題即為聖母大教堂。

（七）在慕尼黑舉辦的第20屆奧運會

◆ 1970年6月3日西德發行一套1972年將在慕尼黑舉辦的第20屆奧運會附捐（捐給贊助1972年慕尼黑奧運基金會）紀念郵票，共四枚，圖案主題是慕尼黑的著名地標。

◇面值10＋5分尼／巴伐利亞邦國王的居住宮殿「RESIDENZ」，包括10個庭園、130個房間，在慕尼黑市中心，建於十六至十九世紀，現今改為博物館。

◇面值20＋10分尼／希臘式門樓「PROPYLÄEN」（源於希臘文 $\Pi\rho o\pi\nu\lambda\alpha\iota\alpha$「前門」之意），在慕尼黑市中心的國王廣場（Königsplatz），建於1848～1862年。

◇面值30＋15分尼／巴伐利亞國王路德威希一世為了陳列希臘、羅馬式雕刻而興建的雕刻館「GLYPTOTHEK」，在慕尼黑市中心的國王廣場，建於1816～1830年。

◇面值50＋25分尼／巴伐利亞雕像（高18.5公尺）與榮譽廳柱廊「BAVARIA und Ruhmeshalle」，榮譽廳的牆壁上陳列在科學、藝術方面有成就的人頭彫像，建於1843～1853年。

XX· OLYMPISCHE SPIELE 1972 MÜNCHEN

Deutsche Bundespost München 1972

40+20

30+15

Deutsche Bundespost München 1972

70+35

25+10

Deutsche Bundespost München 1972

Deutsche Bundespost München 1972

Verkaufspreis 2,45 DM

◆ 1972年7月5日西德發行一款1972年在慕尼黑舉辦的第20屆奧運會紀念小全張，圖案主題是在慕尼黑市區西北部的奧運大會場，內含四枚郵票。

◇左下面值25＋10分尼／腳踏車競賽場（Velodrom）。

◇左中面值30＋15分尼／奧運會大運動場（Olympiastadion），可容納八萬名觀眾。

◇正中面值40＋20分尼／多種項目競賽廳與游泳競賽館（Mehrzweckhalle und Schwimmstadion）。

◇右上面值70＋35分尼／電視高塔（Fernsehturm），高291.28公尺。

◆ 位於西非的賴比瑞亞（LIBERIA）在1971年6月18日發行一套在慕尼黑舉辦的第20屆奧運
　會紀念郵票，共六枚，圖案右上印奧運會的五色圈旗，右方印奧運會的比賽項目，左方印
　慕尼黑的著名地標。

◇面值3分／腳踏車、榮譽廳（HALL OF HONOUR）。

◇面值5分／足球、慕尼黑市中心景觀（VIEW OF MUNICH），由右至左是聖母大教堂、最古老
　的彼得教堂（Peterskirche）、白色尖塔是新市政廳、聖靈教堂（Heilig-Geist-Kirche）、最左
　上是電視高塔。

◇面值10分／摔角、國家博物館（NATIONAL MUSEUM）。

◇面值12分／划船、馬克思‧約瑟夫廣場（MAX JOSEPH'S SQUARE，左邊是王宮博物館，右
　邊是國家劇院）。

◇面值20分／曲棍球、在國王廣場的希臘式門樓（PROPYLAEN ON KINGS SQUARE）。

◇面值25分／賽跑、利澤爾一卡爾市噴泉（LIESEL-KARLSTADT FOUNTAIN）。

◆ 位於西非的馬利共和國（REPUBLIQUE DU MALI）在1972年4月17日發行一套在慕尼黑舉辦的第20屆奧運會紀念郵票，共四枚，包括奧運會的比賽項目和慕尼黑的著名地標。

◇面值50法郎／足球與守門員、聖母大教堂。

◇面值150法郎／柔道比賽、電視高塔。

◇面值200法郎／高欄障礙競賽、希臘式門樓。

◇面值300法郎／賽跑選手、提阿聽教堂（Theatinerkirche，1663～1690年興建的巴洛克式建築，塔高71公尺）。

◆ 位於中西非的尼日共和國（REPUBLIQUE DU NIGER）在1972年5月26日發行一套在慕尼黑舉辦的第20屆奧運會紀念郵票，共四枚，也是奧運會的比賽項目和慕尼黑的著名地標。

◇面值50法郎／拳擊比賽、歌劇院。

◇面值100法郎／跳遠選手、市政廳。

◇面值150法郎／足球選手、提阿聽教堂。

◇面值200法郎／賽跑選手、希臘式門樓。

第五章

德國首都——柏林

5

德國首都——柏林

（一）柏林的發展史

從小村發展至商業城市

　　最初在易北河中游流域的一片沼澤地，有兩個西斯拉夫人的部落據點，分別稱爲柏林（Berlin）和科恩（Cölln或Kölln）。直到十二世紀，日耳曼人驅逐了定居於此處的斯拉夫人後，才在史普累（Spree）河畔建立兩個村落，並沿用原先的斯拉夫地名。

　　柏林在1237年建城，位於史普累河東岸，是商人的聚居區；科恩位於史普累河西岸，是一個漁村。建城者是布蘭登堡封疆伯爵阿伯特，因爲伯爵的綽號叫做「熊」，後人就以一隻站立的黑熊做爲柏林城的城徽。當時柏林是史普累河邊的一個小鎮，瀕臨河道的優越地理位置使它成爲該平原上的貿易中心。貿易的發展吸引人們遷移至此，使得小鎮的規模逐漸擴大；再加上地處歐洲的心臟地帶，所以成爲行商者及運輸業者的中途轉運站。

　　1307年，柏林和科恩合併成爲一個城市，名字定爲柏林，十四世紀發展成商業城市，進而成爲北德平原上的經濟重鎮，在政治上也有能力成立一個自主的城邦，加入當時支配北歐商業的漢札同盟。

布蘭登堡邦的首府

　　1411年，來自德國西南地區的侯亨佐倫（Hohenzollern）家族的弗利德里希出任封疆伯爵（Markgraf），平定了該地區的戰亂，成爲布蘭登堡選帝侯。1415年柏林合併附近的科恩成爲布蘭登堡邦的首府。1448年，柏林由一

個自主的商業城邦轉變為一般的封邑城市。1451年，柏林首座城堡成立於科恩島；1470年開始，此城堡即成為布蘭登堡侯國侯亨佐倫王室的居所，柏林已形同該侯國首都。

　　經過百餘年平靜的生活，十七世紀初的三十年戰爭和當時肆虐歐洲的瘟疫，使得柏林人口銳減，侯國勢力也減弱，開始受到當時歐洲最強盛的法國文化影響。1675年，生長於荷蘭的選帝侯弗利德里希・威廉（Friedrich Wilhelm，在位期間1640～1688）繼承布蘭登堡侯國的爵位，開始大力重建和擴展受到戰爭和流行病破壞後的柏林，興建了皇宮、教堂和波茨坦離宮，使得陷入蕭條的河畔城市不但迅速恢復生機，而且成為一個機能更加完善的政治都會，奠定柏林在建築藝術上的地位，柏林被讚譽為「史普累河畔的雅典」。

　　選帝侯弗里德里希・威廉的最偉大成就是以柏林為中心點，開鑿了一條連接奧德河和易北河的運河，此舉使柏林在歐洲中北部的交通和戰略重要性遽增；同時，他也開啟大門歡迎因信仰基督新教而被法國王室驅逐的大量工匠、學者、醫生等，大舉提升柏林的文化水準，因此被尊稱為「偉大的選帝侯」。

◆ 德意志聯邦郵政（DEUTSCHE BUNDESPOST）在1995年發行，面值300分尼，圖案主題是「偉大的選帝侯」（DER GROSSE KURFÜRST）——布蘭登堡的弗利德里希・威廉」（Friedrich Wilhelm von Brandenburg，1620-1688）。

普魯士王國的首都

普魯士公國因國勢日趨強盛，因而在1701年晉升爲王國，選帝侯弗利德里希三世（生於1657年，在位期間1688～1701年）加冕成爲普魯士國王弗利德里希一世（在位期間1701～1713年，卒於1713年），柏林成爲普魯士王國的首都。自十八世紀起，弗利德里希一世致力於首都的規劃與興建，柏林在中世紀的老城區西部修建了大量的巴洛克式和洛可可式建築，組成了被稱爲「弗利德里希城」（Friedrichstadt）的新城區。

德意志帝國的首都

1871年在普魯士首相俾斯麥的鐵血政策領導下，擊敗法國、奧地利等強國使得德國各邦統一，將德意志帝國定都柏林。第一次世界大戰結束後，柏林發展爲大都會區，1920年4月27日，柏林同其周圍的8個城鎮、59個村莊合併爲「大柏林」，柏林的人口一夜之間增長了一倍，超過四百萬，成爲歐洲大陸人口最多的都市。1920年代中期以都會區面積比較，在全世界排名第四，僅次於紐約、倫敦、巴黎。

（二）柏林被封鎖危機

1948年3月31日蘇聯宣佈所有通往西柏林的路面交通必須接受檢查，到了6月18日蘇聯禁止旅客運輸，6月24日則進一步禁止貨物列車載運食物，實際上就是封鎖通往西柏林的水陸面運輸，其目的是以飢餓西柏林市民的方式逼迫美、英、法三國放棄在西柏林的管轄權。

6月26日英美兩國空軍運輸部隊開始以運輸機空運物資到西柏林，當時

西柏林的人口數多達兩百五十萬，每天所需的基本物資約兩千噸，對英美兩國的空運能力是一項嚴峻的考驗，英國還緊急徵調澳洲、紐西蘭、南非的機師到英國在西德的空軍基地。為了提高空運效率，10月15日英美兩國空運部隊組成聯合空運任務指揮部，美國空軍提供三百架C-54型運輸機，每架載重10噸，為了防止蘇聯戰鬥機的空中干擾，美國空軍派遣當時最先進的F-80射星式噴射戰鬥機一聯隊進駐美國在西德的空軍基地。

在空運頂峰時期，西柏林的兩個機場平均每90秒就有一架起降，而每架運輸機在機場僅能停留半小時，此種班次密集的大規模空運，德國人稱為空橋（LUFTBRÜCKE）運輸。到了1948年12月時序進入冬季，燃料和供電十分吃緊，而氣候轉壞影響運輸機的起降，當時情勢十分緊張，英美兩國開始增派部隊，展現保有西柏林的決心。

1949年5月12日表面上蘇聯宣佈同意解除封鎖，當時政治評論家以為蘇聯無法迫使英美兩國屈服而作罷，其實蘇聯已經達到一項最重大的目標：赤化中國大陸已經實現（共產黨的部隊已掌控大部分的中國大陸）。柏林危機吸引了美國的注意力和主要的援助力，美國怕蘇聯再度封鎖地面交通，大規模空運一直持續到9月30日，歷經一年三個月總共空運了2,325,809噸的物資，耗費224億美元，使得美國無太多餘力支撐遠東日益惡化的局面。1950年蘇聯唆使北韓軍隊南侵爆發韓戰，此乃蘇聯獨裁者史達林一步又一步地如期執行赤化全球的野心計畫。

◆ 西柏林在1949年6月17日發行一種普通郵票，面值1德意志馬克（DM），圖案主題是美國空軍的C-54型運輸機飛越柏林的談佩侯夫飛機場（TEMPELHOF FLUGHAFEN）上空。

◆ 西柏林在１９５９年５月１２日發行一枚「柏林空橋」
（LUFTBRÜCKE BERLIN）10周年紀念郵票，面值25分尼，
主題是象徵大規模空橋運輸的空中飛行走廊（Luftkorridor）。
設計者在走廊的左、右側描繪飛往柏林、飛離柏林的大編隊運
輸機，其中描繪四具螺旋槳發動機的飛機是象徵美國的C-54
型運輸機、兩具螺旋槳發動機的飛機是象徵美國的C-47型運
輸機。

◆ 西柏林在1974年4月17日發
行一枚「柏林空橋」25周年
紀念郵票，面值90分尼，圖
案主題是位於談佩侯夫飛機
場的大規模空橋運輸紀念碑
（LUFTBRÜCKEN-
DENKMAL），在柏林圍牆南
段的西側。圖案下方由左至
右是美國、英國、法國國旗，表示向支援「柏林空橋」運輸作業的三國軍隊致敬。此圖是
蓋發行首日紀念郵戳的首日封，左邊印一隻熊（熊是柏林的市徽，在此象徵柏林市民）揮
著雙手歡迎盟國的運輸機隊，紀念郵戳刻印「柏林空橋」運輸作業的最主要機種：美國的
C-54型運輸機（上）和英國的秀特·松德蘭式（Short Sunderland）飛行艇（下）。

加郵站

　　　英國在第二次世界大戰期間製造了721架松德蘭式大型巡邏
飛行艇，戰後還留下不少。由於可載重六萬磅，持續飛行4800公
里，所以英國就將它改為「柏林空橋」的特殊運輸機，從漢堡附
近的易北河水面出發，飛抵西柏林西南區的的哈菲爾湖。松德蘭
式飛行艇原先設計為在海面上空執行巡邏任務，所以機身採用耐
鹽蝕材料，專門運輸包括食鹽等各種有侵蝕性的貨品。

◆ 德國在1999年發行一枚「柏林空橋」50周年紀念郵票，面值110分尼。圖案主題是柏林在1948～1949年被封鎖期間，柏林的兒童對天空指著盟國的運輸機，左上印支援「柏林空橋」的三個盟國：英國、美國、法國的國旗，英國的國旗右邊連黑色帶、美國的國旗左邊連紅色帶、法國的國旗右邊連黃色帶，表示組成德國國旗的黑、紅、黃色帶。

（三）柏林圍牆的興建與拆除

　　柏林在第二次世界大戰結束後被美國、英國、法國及蘇聯等四個戰勝強國分別割據，1948年美國、英國、法國佔領區合併，成立西柏林（面積480平方公里），蘇聯佔領區則稱為東柏林（面積403平方公里），從此柏林分裂為東、西兩個都市。

　　1961年8月13日東德共黨政權受不了東德人民經常利用東德與西柏林的交界逃亡，決定興建一座牆將西柏林包圍起來，因此稱為柏林圍牆。圍牆全長約169.5公里，高度3.6至4公尺，主體在1964年完成，最後一次補強工程則在1975年竣工。其中包括水泥板牆104.5公里、水泥牆10公里、鐵絲網55公里。沿牆修建了253個瞭望塔、136個碉堡、270個警犬椿、108公里長的防汽車和坦克的壕溝。此外，還有一接觸就會發出信號的鐵柵欄119.5公里和供邊防士兵巡邏的巡邏道119.5公里。柏林圍牆設有7個過境檢查哨站，供東西柏林兩邊的人員來往之用。

　　1989年11月9日當晚東德政府宣佈東德人民可以自由穿越柏林圍牆，約10萬人像潮水般似從柏林圍牆的東邊湧向西邊，所有的柵欄全部被挪走，二十八年來的人為阻隔就如此迅速消失了。1989年12月22日，經東西德政府協

商後，終於在雙方軍警和人民同心協力之下開始拆除阻礙通道的部分，東德政府在1990年6月13日開始拆除全部柏林圍牆。柏林圍牆拆除後，保留其中幾段做爲紀念，供遊客參觀。

　　1990年10月3日，在第二次世界大戰後被分隔了四十五年的東、西德復歸統一，東、西柏林也再度合併爲一個大都市。次年6月德國聯邦議院決定，柏林成爲德國統一後的首都和政府所在地。

◆ 1990年11月6日德國發行一套內部隔界及柏林圍牆開通一周年紀念郵票，共兩枚。面值50分尼的圖案是柏林圍牆被打穿後，一條黑、紅、黃三色彩帶（即德國國旗）穿過圍牆破洞，象徵德國統一。面值100分尼的圖案是柏林圍牆的通道開放自由通行時，民眾聚集柏林的地標布蘭登堡門附近，揮舞德國國旗的黑、紅、黃三色彩帶。此圖是蓋柏林郵局首日發行紀念郵戳的首日封，郵戳內刻印「ERSTER JAHRESTAG DER ÖFFNUNG DER INNERDEUTSCHEN GRENZEN」，即「德國內部隔界開通一周年紀念日」之意，首日封左邊描繪德國民眾舉著國旗穿過布蘭登堡門的情景，左下印「1. JAHRESTAG DER MAUERÖFFNUNG」即「圍牆開通一周年紀念日」之意。

◆ 位於西印度洋上的科摩羅伊斯蘭聯邦共和國
（法文國名REPUBLIQUE FEDERALE
ISLAMIQUE DES COMORES）在1991年
發行一款布蘭登堡門200周年紀念（200e
ANNIVERSAIRE PORTE DE BRANDE-
BOURG）郵票，面值375法郎，圖案主題是
1989年11月9日柏林圍牆被拆除（CHUTE
DU MUR DE BERLIN 9 NOVEMBRE
1989）。圖案中右方描繪人們穿過布蘭登堡
門的情景，左方描繪一位青年用鐵鎚敲打圍
牆，另一位揮舞著德國國旗。

◆ 位於印度洋上的馬爾地夫（MALDIVES）在1991年發行一套布蘭登堡門200周年紀念郵
票，圖案襯底是布蘭登堡門的素描線條。

◇面值Rf.1.75／右邊是柏林圍牆，左邊是柏林圍牆開始拆除
時，東柏林的居民高興地擁抱小孩。

◇面值Rf.4／右邊是布蘭登堡門可以通行時，示威的年輕
人扛著「DEMOkratie」（DEMO即示威，Demokratie即
民主之意）的牌子，左邊是最著名的美、英、法三國盟
軍「查理檢查站」（Checkpoint Charlie）。

◆ 位於加勒比海的聖文森的附屬島（GRENADINES OF
ST.VINCENT）在1991年發行一套布蘭登堡門200
年紀念郵票，圖案襯底是布蘭登堡門的素描線條。其
中一枚面值80分圖案左邊是布蘭登堡門上的勝利女神
銅像，右邊是1961年8月15日一名東德年輕衛兵孔拉
德·修曼（Conrad Schuman）為尋求自由，成功地
跳過鐵絲網投奔西柏林，在當時轟動歐美自由國家。

◆ 位於東非的烏干達（UGANDA）在1991年發行一套布蘭登堡門200周年紀念郵票，圖案襯底是布蘭登堡門的素描線條，面值500西令。圖案左邊是堆砌中的柏林圍牆，右邊是一名年輕人在柏林圍牆開始拆除時敲磚塊，打算取下後做為紀念。

（四）柏林的地理位置

　　柏林位於德國的東北部、史普累河下游一個古老的冰河谷地，恰好介於北德兩個主要水系易北河和奧德河的中間，周圍全是由上述三條河沖積而成的含砂量極高之平原。史普累河由東而西橫貫主要市區後，在西邊匯入由北向南流的易北河支流哈菲爾河（Havel）。由於地勢平坦、流量增加，哈菲爾河在柏林西邊的河道變得相當寬廣，甚至因河曲而形成一連串的大小湖泊，湖泊中央還有許多因浮洲而形成的小島。分散於柏林市區的河流、湖泊、小島及森林，為原本坐落平原而景象相當單調的柏林，增添不少優美又秀麗的地理景觀，也使得柏林成為世界上擁有綠地比率最高的大都會區。

◆ 1998年德國發行一款橋樑系列專題郵票，面值110分尼，圖案主題是位於柏林與波茨坦（Potsdam）之間、跨越哈菲爾河的格利尼克橋（Glienicker Brücke）。

格利尼克橋1907年11月16日完工開放通行，長177.33公尺，寬8.49公尺，1945年4月被英國空軍的轟炸機炸壞，於1947～1949年間重建。

此橋在冷戰期間曾經聲名大噪，美國與蘇聯三次在橋上交換被俘人員。

第一次：1962年2月10日，美國釋放被捕的蘇聯間諜阿貝爾上校（Rudolf Ivanovich Abel），交換1960年5月1日被蘇聯用地對空飛彈擊落而遭囚禁的U-2高空偵察機飛行員鮑爾斯（Francis Gary Powers）。

第二次：1985年6月12日，西方民主國家釋放被捕的四名蘇聯間諜，交換在東歐國家被捕的二十三名美國情報人員。

第三次：1986年2月11日，西方民主國家釋放被捕的五名東歐共產國家間諜，交換包括蘇聯著名人權鬥士夏蘭斯基（Anatoly Sharansky）在內等四名人士（東西德、捷克各一名）。

此橋曾在幾部間諜影片中出現，片中也出現交換被俘人員的場景。

（五）柏林的地標——布蘭登堡門

布蘭登堡門（Brandenburger Tor）由著名建築師郎漢茲（Carl Gotthard Langhans）參照古代希臘神殿建築而建成（施工期間1788～1791年），是德國古典主義建築的代表作，高26公尺，寬65公尺，厚11公尺。門內有五條通道，中間的一道最寬，原為皇室御用專道。

整體建築用白色砂岩條石砌成，門的兩側各有六根巨柱，氣勢十分雄偉。門頂平臺上矗立著由 G. Schadow 所作的巨大銅像，造形是勝利女神駕著古

羅馬式戰車，頭戴桂冠，背附雙翅，左手執轡，右手握杖，立於四匹馬拉的兩輪馬車上，英姿煥發，栩栩如生。在1806年拿破崙大軍佔領柏林後曾被當做戰利品移到巴黎，直到1814年被打勝仗的普魯士軍隊運回重新安置於布蘭登堡門上。

　　第二次世界大戰時，布蘭登堡門全毀於戰火，東西柏林分裂後，該門所在地成為重要的分界點：布蘭登堡雖然在1957年修復，但自1961年8月12日東德共黨政權興建柏林圍牆後，卻成為一個界於自由與奴役之間而無法通行的大門。東西柏林統一後，原本圍著該門的柏林圍牆被拆除，布蘭登堡成為橫貫柏林的大道的中間點，可以說是柏林最重要也最著名的地標。

◆ 1941年9月4日德國在希特勒執政時發行一種附捐郵票，面值25＋50分尼，圖案主題是柏林的地標布蘭登堡門。下邊印兩行德文「GROSSER PREIS」、「DER REICHSHAUPTSTADT」即「更大的榮耀」、「國家首都」之意。

◆ 1948年12月9日德意志郵政（DEUTSCHE POST）在美國、英國盟軍聯合管理時（正值西柏林被蘇聯軍隊封鎖）發行一套附捐郵票，共兩枚，分別為面值10＋5分尼以及20＋10分尼，附捐金額援助柏林（HELFT BERLIN印在圖案最上緣），圖案主題也是布蘭登堡門。

◆ 1949年3月20日西柏林發行一種普通郵票，面值1分尼，圖案主題是布蘭登堡門。此圖是當年尚未修築圍牆、東西柏林還可通行時的原圖卡，紀念郵戳的日期是1953年5月1日勞動節，郵戳的內環印「DEUTSCHER GEWERKSCHAFTSBUND」即「德意志勞工聯盟」之意，外環印「FREIHEIT UND SOZIALE SICHERHEIT」即「自由與社會福利」之意。

◆ 德意志聯邦郵政（DEUTSCHE BUNDESPOST）在1991年發行，面值100分尼，紀念布蘭登堡門落成200周年，圖案主題是1791年布蘭登堡門落成時馬車、騎士、行人熙熙攘攘的熱鬧景觀。

（六）威廉皇帝紀念教堂

　　威廉皇帝紀念教堂是建於1891～1895年間的新羅馬式（neo-romanesque，亦有譯為新浪漫式）教堂，為紀念「第二帝國」創立者、普魯士國王威廉一世（生於1797年，1861年接任普魯士國王，1871年就任統一後的德意志帝國皇帝，1888年去世）而興建。教堂主體建築在第二次世界大戰期間1943年被盟軍轟炸機炸毀，教堂只剩前面鐘塔樓部分，裏面陳列不少歷史相片，以及教堂的原體模型，以提醒德國人因第二次世界大戰所帶來的災難，戰後成為西柏林的新地標，觀光客必到之處。

◆ 西柏林在1961年7月19日發行一套第十屆德意志基督教福音教會會議（DEUTSCHER EVANGELISCHER KIRCHENTAG）郵票，共兩枚，圖案中右方是德國基督教會的十字架徽章，面值10分尼的圖案左邊是馬利恩教堂（Marienkirche，Marien即聖母馬利亞之

意）。面值20分尼的圖案左邊是威廉皇帝紀念教堂遺址。此圖是蓋發行首日郵戳的首日封，左邊印威廉皇帝紀念教堂整修的情景，右下是1961年興建的八角柱體、藍色玻璃屏新教堂。

◆ 德國在1995年8月10日發行紀念威廉皇帝紀念教堂建堂100周年郵票，面值100分尼，圖案是位於柏林的威廉皇帝紀念教堂遺址，左邊和右邊分別是1961年興建的八角柱體、藍色玻璃屏新教堂和新鐘樓。

（七）國家議會議事堂

　　位於布蘭登堡北側的國家議會（Reichstag）議事堂，是爲了德國在1872年統一後需要較大的國會議事堂而建，由名建築師保羅・華洛特（Paul Wallot）規劃設計，於1884年興建至1894年完工，長137公尺、寬97公尺，是德意志第二帝國、威瑪共和時期，和希特勒第三帝國時的國會所在地。

　　整體建築物屬於新文藝復興式（neo-renaissance），屋頂的正中央原本有一大圓拱頂，卻在1933年納粹爲了壓制共產黨欲以縱火嫁禍時，讓火勢失去控制而全數燒毀塌落。二次大戰尾聲時，德軍曾和蘇聯軍隊在此建築周圍激烈交戰，至今牆上仍有彈痕。1991年東西德統一後，德國聯邦議會決定將新的國會議事堂遷回柏林的國家議會議事堂，自1995年起開始整修，至1999年完工，恢復原有的圓拱頂，但改用玻璃外罩，1999年4月起德國聯邦議會從波昂遷到整修後的國家議會議事堂繼續運作。

◆ 1964年9月19日西柏林發行一種普通郵票，面值20分尼，圖案主題是柏林的新地標——國家議會議事堂，最下邊印一行德文「Berlin Reichstagsgebäude」即「柏林 國家國會建築物」之意。

◆ 德國在1991年6月4日發行，紀念名建築師保羅・華洛特誕生150周年（1841-1912），面值100分尼。左側是保羅・華洛特肖像，右側是位於柏林的國家議會議事堂。

（八）柏林著名的建築與景觀

◆ 西柏林在1962～1963年之間陸續發行一套以十七至十九世紀柏林著名的建築與景觀為圖案的老柏林（Alt-Berlin）主題郵票，共十二枚。

◇面值 7分尼／1650年的菩提樹大道（Die Linden）。
◇面值10分尼／1783年的孤兒橋（Waisenbrücke）。
◇面值15分尼／1780年的城牆街（Mauerstraße）。
◇面值20分尼／1703年的柏林宮（Berliner Schloß）。
◇面值25分尼／1825年的波次坦廣場（Potsdamer Platz）。

◇面值40分尼／1800年的美觀宮（Schloß Bellevue，目前是德國總統的官邸）。
◇面值50分尼／1830年的漁夫橋（Fischerbrücke）。

◇面值60分尼／1880年的市政廳通道（Hallesches Tor）橋。
◇面值70分尼／1780年的巴羅基亞教堂（Parochialkirche）。
◇面值80分尼／1825年的柏林大學（Universität）。
◇面值90分尼／1780年的歌劇院（Opernhaus）。
◇面值1馬克／1790年的綠林湖（Grunewaldsee）。

◆ 西柏林在1957年4月27日發行一套在柏林舉行的國際建築展（Internationalen Bauausstellung，簡稱INTERBAU，展期自1957年7月6日至9月29日印在圖案最上緣）紀念郵票，共三枚，圖案最左印建築展的標誌：象徵柏林BERLIN的「B」字，圖案主題分別是西柏林在戰後興建的建築物。

◇面值 7分尼／柏林動物園區西北角的漢札市區建築與景觀模型。
◇面值 20分尼／建築展會場與無線電高塔的建築與景觀模型。
◇面值 40分尼／柏林動物園區北邊的蚌殼造型會議廳（Kongreßhalle）建築與景觀模型。（柏林動物園區在布蘭登堡大門西邊約一公里處，屬於都會中心的大型公園，南北寬約一公里、東西長約三公里。）

◆ 西柏林在1956～1962年之間陸續發行一套以柏林著名建築物為圖案主題的郵票，共十五枚。
◇面值 1分尼／布蘭登堡大門。
◇面值 5分尼／柏林郵政管理局大廈（LANDESPOSTDIREKTION）。

◇面值 7分尼／柏林無線電發射高塔與展覽館（BERLINER FUNKTURUM UND AUSSTELLUNGHALLEN）。高塔是1926年大無線電展覽會時所興建，高150公尺，塔頂上有一座餐廳可以俯瞰整個柏林市區。
◇面值 8分尼／新克倫市政廳（RATHAUS NEUKÖLLN）。

◇面值10分尼／威廉皇帝紀念教堂遺址（RUINE DER KAISER-WILHELM-GEDÄCHTNISKIRCHE）。
◇面值15分尼／談佩侯夫飛機場的大規模空橋運輸紀念碑，在柏林圍牆南段的西側。

◇面值20分尼／位於大稜（Dahlem）、由美國汽車大王亨利‧福特（Henry Ford）捐助興建的自由大學（FREIE UNIVERSITÄT）。

◇面值25分尼／西柏林南區最南部Lichterfelde（開闊平地之意）的李連塔紀念碑（LILIENTHAL DENKMAL）。

德國的李連塔和弟弟古斯塔夫共同研究鳥類的飛行，1891年開始製造類似鳥翼的滑翔機，1894年在柏林的郊外造了一座小山丘供試飛用，1896年8月9日試飛時被突來強風吹倒摔成重傷，隔天去世。他進行過兩千多次的滑翔，將每次經驗做成記錄，供日後飛行研究者參考，尤其對於1903年12月美國萊特兄弟試飛動力飛機成功有關鍵性的貢獻（萊特兄弟從李連塔的犧牲得到啟示：必需朝動力飛行研究發展）。

◇面值30分尼／位於西南方的孔雀島宮（SCHLOß PFAUENINSEL）。

◇面值40分尼／位於市中心的夏洛滕堡宮（SCHLOß CHAR-LOTTENBURG）。

> 1701年普魯士國王弗利德里希一世為王后蘇菲耶・夏洛特（Sophie Charlotte）興建的「義大利巴洛克式」夏季離宮，原來取名麗娠堡（Lietzenburg），1705年王后去世，改名夏洛滕堡宮。

加郵站

◇面值５０分尼／羅伊特發電廠（KRAFTWERK REUTER）。
◇面值60分尼／工商會館與證券交易所（INDUSTRIE UND HANDELSKAMMER MIT BöRSE）。

◇面值70分尼／紀念德國大文學家的席勒劇院（SCHILLERTHEATER）。
◇面值1馬克／偉大的選帝侯弗利德里希・威廉騎馬雕像（REITERSTANDBILD GROßER KURFüRST）。

◇面值3馬克／位於柏林動物園區北邊的蛙殼造型會議廳。

德國首都──柏林

139

◆西柏林在1965～1966年之間發行一套以西柏林在戰後興建的著名建築物為圖案的「新柏林」（Das neue Berlin）主題郵票，共十二枚。以下均為首日封，郵票在右上角。

◇面值10分尼／威廉皇帝紀念教堂遺址，左邊和右邊分別是戰後1961年興建的八角柱體、藍色玻璃屏新教堂和鐘樓。此圖是蓋1965年8月28日發行首日郵戳的首日封。

◇面值15分尼／德意志歌劇院（DEUTSCHE OPER）。此圖是蓋1965年10月23日發行首日郵戳的首日封。

◇面值20分尼／新愛樂音樂廳
（NEUE PHILHARMONIE）。
此圖是蓋1965年10月23日發
行首日郵戳的首日封。

◇面值30分尼／猶太會館
（JÜDISCHES GEMEINDE-
HAUS）。此圖是蓋1966年4月
19日發行首日郵戳的首日封。

◇面值40分尼／
1963年落成的瑪
利亞皇后紀念教堂
及殉難者紀念碑
（GEDENKSTÄTT
E REGINA MAR-
TYRUM），紀念在
希特勒獨裁時代之
殉難者。此圖是蓋
1965年8月28日發
行首日郵戳的首日
封。

德國首都──柏林

◇面值50分尼／恩斯特・羅伊特廣場（ERNST-REUTER-PLATZ）。此圖是蓋1965年11月18日發行首日郵戳的首日封。此廣場是為了紀念柏林危機時的柏林市長恩斯特・羅伊特（1889-1953。柏林市長任期1948～1953年）。

◇面值60分尼／歐羅巴中心（EUROPA-CENTER）。此圖是蓋1966年4月19日發行首日郵戳的首日封。

加郵站

　　歐羅巴中心位於柏林市中心的22層高樓，在威廉皇帝紀念教堂遺址隔街的西側。這是一座綜合性的商業高樓，內有商店街、各種料理的餐廳、戲院、電影院、夜總會、旅館及各大航空公司的辦事處，頂樓有瞭望台可眺望整個柏林市，因此被稱為「市中市」。

◇面值70分尼／工科大學
或稱為科技大學
（TECHNISCHE UNI-
VERSITÄT），位於柏
林市的夏洛滕堡區。此
圖是蓋1966年11月18
日發行首日郵戳的首日
封。

◇面值80分尼／柏林市
區的快速車道（STAD-
TAUTOBAHN）。此圖
是蓋1965年11月18日
發行首日郵戳的首日
封。

27905　＊

◇面值90分尼／天文台
（圖案左邊）與「威
廉‧佛斯特」氣象觀測
台。此圖是蓋1966年9
月16日發行首日郵戳
的首日封。

◇面值1馬克／謝法堡無線
電波發射高塔。此圖是蓋
1966年9月16日發行首日
郵戳的首日封。

◇面值1.10馬克／大學附設
的診療所。此圖是蓋1966
年11月18日發行首日郵戳
的首日封。

◆ 西柏林在1974年10月15日發行一款柏林新
的提格爾機場（FLUGHAFEN BERLIN－
TEGEL）啓用紀念郵票，面值50分尼，圖
案主題是提格爾機場的六邊形「登機、下機
通道大廈」及空運站大廈，最右邊的高塔就
是飛行管制塔。提格爾機場位於柏林的西北
部，擴建後取代談佩侯夫機場成為柏林的主
要國際機場，目前有兩條主跑道。

◆ 西柏林在1976～1982年之間發行四套以西柏林著名觀光景點為圖案主題的郵票，每一套三枚，共十二枚。

1976年11月16日發行三枚，圖案主題為：

◇面值30分尼／西柏林西南區的哈菲爾湖上的帆船。

◇面值40分尼／使盤道（SPANDAU，在西柏林西區）的舊城堡（ZITADELLE）。

◇面值50分尼／西柏林東區的動物園（TIERGARTEN）。

1978年11月16日發行三枚，圖案主題為：

◇面值40分尼／夏洛滕堡宮的瞭望台（BELVEDERE）。

◇面值50分尼／護城運河畔（AM LANDWEHRKANAL）的骨架大廈（SHELLHAUS）。

◇面值60分尼／舊輕舟區（ALT-LICHTEN-RADE，在西柏林南區）的村教堂（DORFKIRCHE）。

1980年11月13日發行三枚，圖案主題為：

◇面值40分尼／位於「開闊平地」（LICHTERFELDE，在西柏林南部STEGLITZ區）的李連塔紀念塔（LILIENTHAL-GEDENKSTÄTTE）。李連塔在此試飛滑翔翼。

◇面值50分尼／城堡公園（SCHLOSSPARK，位於西柏林西南）的偉大新奇紀念碑（GROSSE NEUGIERDE）。

◇面值60分尼／紀念德國皇帝威廉一世的綠林瞭望塔（GRUNEWALDTURM，位於西柏林西南）

1982年11月10日發行三枚，圖案主題為：

◇面值50分尼／西柏林西部提格爾（TEGEL）湖畔波爾西克別墅
（VILLA BORSIG），1908年由工業大亨波爾西克所建造，第二次世
界大戰結束後成為法國佔領區最高指揮官王將軍（General Marie-
Pierre Koenig, 1898-1970）的總部，直到1950年法軍撤退，目前
成為國際會議場所。

◇面值60分尼／西柏林西南角綠林園區的聖彼得
與保羅教堂（KIRCHE ST.PETER UND
PAUL）。
◇面值80分尼／西柏林動物園區的黑德別墅
（VILLA VON DER HEYDT）。

◆ 西柏林在1964年5月30日發行一款美麗堡建城700周年（700 Jahre Schöneberg）紀念郵
票，面值20分尼，圖案主題是位於柏林市南區的美麗堡市政廳（Rathaus Schöneberg）。
下圖是蓋柏林郵局發行首日紀念郵戳的實寄首日封，郵戳中刻印美麗堡市徽。

　　美麗堡市政廳於1911～1914年興建，當時美麗堡市尚未納入柏林市區，戰後原來的柏林紅樓市政廳（Rote Rathaus）因位於東柏林，所以美麗堡市政廳就成為西柏林的市政廳。東西柏林合併後，市政廳遷回紅樓。

　　1963年美國總統甘迺迪訪問柏林，6月26日在美麗堡市政廳發表演說時說了一句成為名言的德語：「Ich bin ein Berliner」，即「我是一個柏林人」之意（其涵義為甘迺迪宣稱他和柏林人一樣都是追求自由民主的人）。市政廳前廣場原名「魯多夫‧威爾德廣場」（Rudolph-Wilde-Platz），之後改名為「甘迺迪廣場」（John-F.-Kennedy-Platz）。

◆ 1963年美國總統甘迺迪在德克薩斯州的達拉斯被槍擊身亡，西柏林有感於當面臨蘇聯嚴重威脅時（當時正在興建柏林圍牆）甘迺迪親自訪問西柏林，以行動支持西柏林，因此在1964年11月21日發行一款甘迺迪去世一周年紀念郵票以表致敬追思之意，面值40分尼，圖案主題是甘迺迪遺像，左上印甘迺迪去世日期「22.XI.1963」即1963年11月22日。下圖是蓋柏林郵局發行首日紀念郵戳的首日封，左邊印甘迺迪遺像。

ERSTTAGSBRIEF

John F. Kennedy
1917—1963

750 JAHRE BERLIN

1987

ERSTTAGSBRIEF   COLOR DE LUXE

◆ 西柏林在1987年1月15日發行一款柏林建城750周年（750 JAHRE BERLIN）紀念郵票，
面值80分，圖案主題是柏林著名的建築，中下印柏林市徽（內繪一頭黑熊），由左至右分
別是夏洛滕堡宮（最左）、無線電發射高塔、國家議會議事堂、戰勝紀念塔
（Siegessäule，普魯士王國為紀念1864年對丹麥、1866年對奧地利、1870-1871年對法國
戰勝，而在1873年建立之塔，塔高67公尺，塔頂有一尊勝利女神金像）、布蘭登堡門（戰
勝紀念塔之後）、威廉皇帝紀念教堂遺址（在正中，右旁是戰後興建的教堂）、「包浩斯建
築」—扇形門上窗（或稱為天窗）造型（右下）、美麗堡市政廳（最右）。上圖是蓋柏林郵
局發行首日紀念郵戳的首日封。

加郵站

　　愛樂音樂廳由名建築師漢茲‧夏隆（Hans Scharoun，1893-
1972）設計，1956～1963年興建，可容納2200名聽眾席。其內
部設計的最大特色就是每一個座位都可以通到表演台（位於底層的
中央），夏隆認為「音樂才是主體，音樂家和聽眾不應該被隔開，
人、音樂和空間應融合成新的關係而分享音樂作品」。

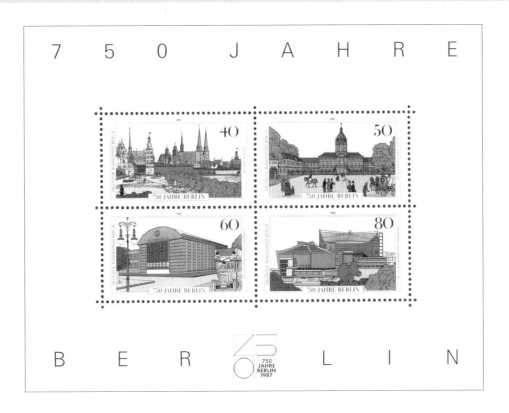

◆ 西柏林在1987年1月15日發行一款柏林建城750周年紀念小全張，內含四枚郵票，圖案採用西柏林著名的建築與景觀：

左上面值40分尼／1650年的柏林景觀。

右上面值50分尼／1830年的夏洛滕堡宮。

左下面值60分尼／1909年由建築師彼得‧貝倫茲（Peter Behrens）設計的渦輪館（TURBINENHALLE）。

右下面值80分尼／1987年的愛樂音樂廳（PHILHARMONIE）與室內音樂演奏廳（KAMMER-MUSIKSAAL），位於西柏林動物園區東南的肯伯廣場（Kemperplatz，東側即柏林圍牆）。

◆ 位於西非的賴比瑞亞（LIBERIA）在1987年9月4日發行一套柏林建城750周年（750th ANNIVERSARY OF THE CITY OF BERLIN）紀念郵票，共四枚，圖案左下印德國與賴比瑞亞的國旗象徵兩國的友誼（LIBERIAN/GERMAN FRIENDSHIP印在圖案右下），而主題分別是柏林著名的建築物：

◇面值 6分尼／近衛軍廣場的國立劇院（1984年重建後改為音樂廳）。

◇面值31分尼／博物館島上的弗利德里希皇帝博物館（Kaiser-Friedrich-Museum）。此博物館於1904年啓用，現名博得博物館（Bode Museum），位於博物館島的最北端，收藏雕刻藝術品及拜占庭藝術品。

◇面值60分尼／夏洛滕堡宮。

◇面值80分尼／威廉皇帝紀念教堂，最右是戰後興建的教堂鐘樓。

◆ 德國在1996年8月14日發行一款柏林市景觀專題郵票，面值100分尼，主題是以前位於東柏林的近衛軍廣場（Gendarmenmarkt），由左至右的建築物是德意志教堂（Deutscher Dom，1993年完成重建，1996年啓用改為德國歷史博物館）、音樂廳（Konzerthaus）、法蘭西教堂（Französischer Dom）。

◆ 法國在2005年8月29日發行一款「柏林被選為歐洲文化之都」（CAPITALES EUROPÉENNES）小全張，圖案採用柏林著名的地標，左上角是柏林的市徽（一隻站立的黑熊）、左下角是上拱樑橋（Pont de l'oberbaum）、正中是電視高塔（Tour de la Télévision）、右下角是柏林圍牆殘留的一段（Le mur，做為觀光之用，街頭藝術家在牆上噴漆塗鴉）。小全張內含四枚郵票（面值皆為0.53歐元），左上是布蘭登堡門

（Porte de Brandebourg）、左中是愛樂音樂廳（Philharmonie）、右上角是威廉皇帝紀念教堂（Église du Souvenir）、右中是國家議會議事堂（Reichtag）。

上拱樑橋（Oberbaumbrücke）是建於1896年的新哥德式磚拱橋，長154公尺，是柏林市區內跨史普累河最長的一座橋樑。第二次世界大戰結束前，中央的橋拱被炸毀，橋的大部份變為碎石。1950年時以臨時鋼材結構連接斷裂處。柏林圍牆築起後，成為一個僅對西柏林人開放的崗哨就立於橋上。1992年，此橋開始逐磚拆解，一直拆到主橋拱處。潛水夫潛入河床搜尋，尋找可再建於橋中或可做為數460種特殊磚造模型的殘磚。橋床灌入新的鋼筋混凝土，可支撐較重的現代交通工具，如今柏林市的地下鐵路U-Bahn通行於橋面上。橋拱的砌磚內包新式鋼樑及鋼柱，新的鋼拱也取代了1950年修建的中央連結橋段。

（九）柏林的公共運輸工具

◆1971年柏林發行一套軌道式的公共運輸工具專題郵票，共六枚。

◇面值5分尼／1925年通往郊區的鐵路列車（Vorortbahn，郊區鐵路）。此圖是蓋柏林郵局發行首日紀念郵戳的首日封，郵戳日期1971年5月3日。

◇面值10分尼／1890年單節型的架線式軌道路面電車（Straßenbahn，市街鐵路）。此圖是蓋柏林郵局發行首日紀念郵戳的首日封，郵戳日期1971年5月3日。

◇面值20分尼／1880年馬拉式公車（Pferde-Straßenbahn，市街鐵路）。此圖是蓋柏林郵局發行首日紀念郵戳的首日封，郵戳日期1971年5月3日。

◇面值50分尼／1950年聯結型
的架線式軌道路面電車
（Straßenbahn，市街鐵路）。
此圖是蓋柏林郵局發行首日
紀念郵戳的首日封，郵戳日
期1971年5月3日。

◇面值30分尼／1932年第三軌
式電動列車（Stadtbahn，都
市鐵路）；面值1馬克1971年
地下鐵路列車（U-Bahn，地
下鐵路，「U」即Untergrund
「地下」之意）。此圖是面值
30分尼及1馬克郵票蓋柏林郵
局發行首日紀念郵戳的首日
封，郵戳日期1971年1月18
日。

◆1973年柏林發行一套市街公共運輸工具專題郵票，共六枚。

1973年4月30日發行三枚：

◇面值20分尼／1907年馬拉式
公車（Pferdeomnibus）。此
圖是蓋柏林郵局發行首日紀念
郵戳的首日封，郵戳內刻印最
早期的小型公車。

◇面值30分尼／1919年上層板座位
自動公車（Decksitzautobus）。
此圖是蓋柏林郵局發行首日紀念
郵戳的首日封，郵戳內刻印最早
期的小型公車。

◇面值40分尼／1925年雙層自動公
車（Doppeldeckautobus）。此圖
是蓋柏林郵局發行首日紀念郵戳
的首日封，郵戳內刻印最早期的
小型公車。

1973年9月14日發行三枚：

◇面值20分尼／1933年架線式電動
公車（Obus）。此圖是蓋柏林郵
局發行首日紀念郵戳的首日封，
郵戳內刻印最早期的小型公車。

◇面值30分尼／1970年雙層自動公車。此圖是蓋柏林郵局發行首日紀念郵戳的首日封，郵戳內
　刻印最早期的小型公車。

◇面值40分尼／1973年標準型自動公車（Standardautobus）。此圖是蓋柏林郵局發行首日紀念
　郵戳的首日封，郵戳內刻印最早期的小型公車。

第六章

東柏林——東德的首都

　　第二次世界大戰後期，由於盟軍猛烈又密集的空襲，使得柏林市遭到毀滅性的破壞。1943年11月22日，英國皇家空軍派出764架轟炸機，展開大規模轟炸柏林的「柏林戰役」，炸毀了東起動物園區和夏洛滕堡、西至使盤道和西門子施塔特的整片區域。自1943年11月到1944年2月，盟軍轟炸機群總共對柏林進行13次大規模空襲，其中9次的轟炸規模在500架以上，摧毀了柏林四分之一的市區，市郊和市區內的150多座電力、軍火、通訊設備和軸承工廠都被炸毀，炸死1萬多人，並使得150萬人無家可歸。市區90%的建築被摧毀，水電系統也遭到嚴重地破壞。

　　1945年4月16日，蘇聯紅軍調集了22000門大炮和白俄羅斯方面的10個集團軍，對柏林發動總攻擊。5月1日蘇聯的大紅旗插上了布蘭登堡大門和國家議會議事堂。5月8日德國宣佈無條件投降。

　　根據二次大戰時盟國的有關協定，東柏林為蘇聯佔領，西柏林為美英法共同佔領。1948年東西柏林正式分裂。1948年6月起蘇聯從水陸兩路封鎖西柏林，1949年5月12日解除封鎖。1949年德意志民主共和國成立（Deutsche Demokratische Republik，即東德），東柏林便成為民主德國的首都。

◆ 位於加勒比海的聖文森的附屬島（GRENADINES OF ST.VINCENT）在1990年發行一套第二次世界大戰50周年紀念郵票，其中一枚面值55分，圖案主題是柏林在1945年7月3日被四大戰勝國分割佔領，各區之上印佔領國國旗，東半部（粉紅色區）被蘇聯佔領就是東柏林，西北部（淡橘色）是法國佔領區、中西部（淡青色）是英國佔領區、西南部（淡皮膚色）是美國佔領區。1948年法、英、美三國佔領區合併成西柏林。

◆ 東德在1970年5月5日發行一套德國從法西斯主義解放25周年紀念日（25 JAHRESTAG DER BEFREIUNG VOM FASCHISMUS）郵票，共三枚，圖案主題分別是：

◇面值10分尼／一名蘇聯紅軍的士兵將蘇聯的大紅旗（蘇維埃聯邦旗）插上國家議會議事堂樓頂上。

◇面值20分尼／左邊是莫斯科克里姆林宮的史帕斯基塔（Spasski Tower），右邊是東柏林的國家議事大廈（即東德的國會），正中印蘇聯（左）和東德的國徽（右），襯底是東德報紙報導東德與蘇聯簽訂友好條約的消息，上面印「NEUE DETSCHLAND」「VERTRAG」分別為「新德國」及「條約」之意，右下角的1964年6月12日即簽約日期。

◇面值25分尼／位於莫斯科的共產主義經濟互助體大廈（GEBAUDE DES ROW），左邊是成員國的國旗，由上至下分別是保加利亞、匈牙利、東德、蒙古、波蘭、羅馬尼亞、蘇聯、捷克斯拉夫。

◆ 東德在1952年5月1日發行一套柏林國家重建計畫（NATIONALES AUFBAUPROGRAMM）附捐郵票，共四枚，圖案主題分別是：
◇面值12＋3分尼／清除瓦礫、石塊及破碎的磚塊等。
◇面值24＋6分尼／泥水匠正在鋪磚砌牆。
◇面值30＋10分尼／木匠正在架設樑柱。
◇面值50＋10分尼／建築師正在檢視施工計畫圖。

◆ 東德在1958年11月29日發行一套柏林民主市管理十周年紀念郵票，共兩枚，面值分別是20分尼及25分尼，圖案為布蘭登堡大門。

◆ 東德在1969年10月6日發行一種小全張，紀念德意志民主共和國成立20周年。圖案主題是電視高塔，塔高365公尺，塔中有一個圓球體建築物，其中有一座迴轉式展望廳，是東柏林的新地標。小全張內含一枚郵票面值1馬克，其中圖案下方印電視機測試畫面呈現白、黃、青、淺綠、淺紅、紅、淺藍、藍等色條。小全張下方印東柏林的建築物：左邊中有高樓的是東柏林市政廳大廈、中央百貨大樓（Centrum Warenhaus）、圓頂是位於亞歷山大廣場的會議廳（Kongresshalle am Alexanderplatz）、布蘭登堡大門、國家議事大廈。其中亞歷山大廣場是紀念1805年俄國沙皇亞歷山大一世來此地訪問而命名。

◆ 東德在1971年4月6日發行一套東柏林著名建築專題郵票，共六枚，圖案主題分別是：
◇面值10分尼／馬利恩教堂（Marienkirche），1250年興建，柏林現存最古老的建築物，柏林基督教新教最重要的教會。

◇面值15分尼／科陪尼克宮（Schloß Köpenick），1681年興建。
◇面值20分尼／老圖書館（Alte-Bibliothek），1774～1780年興建。

◇面值２５分尼／厄枚勒大廈
（Ermelerhaus），十八世紀興建。

◇面值50分尼／無名戰士紀念堂（Neue Wache，德文原意
「新守衛堂」），1816～1818年間興建，位於菩提樹大道與史
普累河交會處，在東德時代改為反法西斯主義與軍國主義之
犧牲者紀念堂（Mahnmal fur die Opfer des Faschismus
und Militarismus），每隔一小時舉行衛兵交接儀式。
◇面值70分尼／國家畫廊（Nationalgalerie），1866～1872年
間興建。

◆ 東德在1981年1月27日發行一套國家人民軍建軍25周
年紀念（25 JAHRE NATIONALE VOLKSARMEE印
在郵票圖案的最下緣），共兩枚，其中面值20分尼的圖
案主題是一隊換班的衛兵踢正步通過反法西斯主義與
軍國主義之犧牲者紀念堂前。

◆ 東德在1971年8月12日發行一套反法西斯主義保護牆興建十周年
（10 Jahre antifaschistischer Schutzwall，亦即柏林圍牆）紀念
郵票，共兩枚，圖案最下印「13. AUGUST 1961-1971」、主題分
別是：

◇面值２０分尼／監視柏林圍牆的東德衛兵（東德稱為人民軍
〔Volksarmist〕，居右，頭戴圓盤形鋼盔者）及負責修築柏林圍牆的
東德民兵（東德稱為公民戰鬥團〔ziviler Kampfgruppen〕，居左，
頭戴布製便帽者），襯底是布蘭登堡大門，上插東德國旗。

◇面值35分尼／正面是布蘭登堡大門，上插東德國旗，背景是戰後興建的東柏林建築物：正中是電視高塔，最右是東柏林市政廳大廈。

◆ 東德在1973年9月11日發行一套建設兵科戰鬥團建軍20周年紀念（20 JAHREKAMPF-GRUPPEN ARBEITERKLASSE DER DDR，即民兵體系的工兵團）郵票，共兩枚，圖案主題分別是：

◇面值10分尼／民兵標誌及頭戴圓盤形鋼盔的民兵。
◇面值20分尼／四名頭戴布製便帽的民兵手持衝鋒槍站在布蘭登堡大門前。

◆ 東德在1976年4月22日發行一枚共和宮（PALAST DER REPUBLIK，1973～1976年興建）啟用紀念郵票，面值10分尼，圖案主題是東柏林的共和宮。

　　共和宮位於博物館島上、跨史普累河的菩提樹大道路橋旁，當時是東德政府的主要公家機關建築物——東德的國會（Volkskammer，德文係「人民議會」之意）及藝術中心所在地。除建有人民議會的會議大廳外，共和宮內還有一個可容納五千人的多功能廳，用於舉行文化及政黨活動，以及一座畫廊、一座劇院、一座舞廳、一座保齡球館和三間餐廳等設施。1991年，由於建築物使用石棉造成污染而被關閉，從那時起，共和宮的存留或拆除議題一直在討論中。

加郵站

◆ 東德在1980年9月9日發行一枚第67屆國際國會會議在柏林舉行的紀念郵票（德文INTERPARLAMEN-TARISCHE KONFERENZ，英文INTER-PARLIA-MENTARY CONFERENCE BERLIN印在圖案的最上和最下），面值20分尼，圖案右邊是東柏林的共和宮，左邊是東柏林的地標：舊市政廳和電視高塔。

◆ 東德在1979年5月22日發行一套自由德意志青年的開創柏林建設計畫（FDJ-Initiative Berlin）宣傳郵票，共兩枚，圖案主題是位於東柏林的新興建設。

◇面值10分尼／萊比錫大道集合住宅區（Wohnkomplex Leipziger Straße）。
◇面值20分尼／馬查恩區青年大建築工地（Großbaustelle der Jugend Berlin Marzahn），右邊是兩名測量工程師。

◆ 東德在1981年6月23日發行一套著名建築師申克爾（Karl Friedrich Schinkel，1781-1841）誕生兩百周年紀念郵票，共兩枚，圖案主題是位於東柏林的申克爾著名傑作。
◇面值10分尼／近衛軍廣場的劇院（SCHAUSPIELHAUS）。
◇面值25分尼／博物館島的舊博物館（ALTES MUSEUM）。

◆ 東德在1983年9月20日發行一套國有宮殿與花園（Staatliche Schlösser und gärten）專題郵票，共四枚，圖案主題分別是位於柏林西南方、離柏林市中心約26公里的波茨坦無憂宮殿與花園。

　　無憂宮殿由普魯士國王弗利德里希二世於1744年下令興建成為夏季離宮，施工期間為1745～1747年，由克諾貝爾茲多夫（Georg Wenzeslaus von Knobelsdorff）依弗利德里希二世的建築草圖而設計，最大的特徵是利用斜坡修築成六個大台階。1990年聯合國教科文組織將無憂宮殿建築及其寬廣的庭園列為世界文化遺產，列入原因：「無憂宮殿與庭園，經常被稱為普魯士的凡爾賽宮。她是十八世紀歐洲城市與庭院藝術運動的合成品，該藝術結晶是以一國君王理念的知性背景為前提所形成的一個傑出『建築創意與景觀設計』典範。」其原文Sanssouci在法文是「無憂無慮」之意，sans是「無」、souci是「憂慮」之意。

◇面值10分尼／洛可式的無憂宮殿（Schloß Sanssouci）。
◇面值20分尼／中國茶館（Chinesisches Teehaus）。

◇面值40分尼／巴洛克式後期的夏洛滕庭園宮殿（Schloß Charlottenhof），1826年由名建築師申克爾設計建造。
◇面值50分尼／廄舍影片博物館（Marstall Filmmuseum）。

◆ 東德在1970年7月28日發行一套波茨坦宣言25周年（25 JAHRE POTSDAMER ABKOM-MEN）紀念郵票，共三枚聯刷，圖案主題分別是：

◇面值10分尼／波茨坦的采其蓮庭園宮殿（Schloß Cecilienhof），美、英、蘇聯三國領袖聚會的場所。圖案下方印圓圈內有一顆大五角紅星，實際的景觀是在宮殿門前草坪種紫色的花舖成大五角星。

◇面值25分尼／波茨坦會議（Potsdam Conference）。圖案顯示會議使用大圓桌，桌面正中央插美、英、蘇三國國旗，史達林穿白色最高統帥服坐在對面的中央，杜魯門坐在最右側，最左第二位禿頭者是愛得禮首相。

◇面值20分尼／由上而下分別以俄文「ПОТСДАМСКОЕ СОГЛАШЕНИЕ」

英文「POTSDAM AGREEMENT」

法文「LES ACCORDS DE POTSDAM」

德文「POTSDAMER ABKOMMEN」表示波茨坦宣言。

圖案的左、上、右邊分別以德文印「2.8.1945 · 25 JAHRESTAG DER」、「UNTERZEICH-NUNG DES」、「POTSDAMER ABKOMMENS」，即「1945年8月2日波茨坦宣言25週年紀念日」之意。

　　1945年7月17日至8月2日，第二次世界大戰的戰勝國領袖包括美國的杜魯門總統、英國的邱吉爾首相（後來改為愛得禮首相）和蘇聯的史達林在波茨坦舉行高峰會議，討論如何處理戰後的德國、歐洲重建議題以及要求日本無條件投降的宣言，因此稱為波茨坦宣言（The Potsdam Proclamation），在8月2日正式公佈。對日本發出無條件投降的13條宣言在7月26日公佈。由於日本未在十日內提出任何回應，美國就在8月6日派遣B-29重型轟炸機於廣島上空投下第一枚原子彈（造成十四多萬人死亡，市區內建築物幾乎全毀），三日後即8月9日於長崎上空投下第二枚原子彈（造成七萬多人死亡，市區內建築物36%全毀），日本政府方知原子彈之威力與恐怖，如果再拖下去日本人將遭滅絕，於是在8月9日緊急召開御前會議決定接受宣言要求，8月10日向盟國正式表達。

◆ 東德在1985年10月8日發行一套柏林歷史上的名橋專題郵票,共四枚,圖案主題是位於東柏林的名橋(BERLINER BRÜCKEN印在最下緣,兩字之間的黑熊標誌即東柏林的市徽)。

◇ 面值10分尼／葛特勞登橋(Gertrauden-brücke),1894～1895年興建的石橋,跨越史普累運河,橋長24公尺,橋拱跨幅18.5公尺,因為在橋的護牆中豎立一尊聖葛特勞登雕像而得名。葛特勞生前曾任尼維里斯(Nivelles)隱修院院長,她是比利時與荷蘭教友特別崇敬的聖人。

◇ 面值20分尼／貞女橋(Jungfern-brücke),柏林現存最古老的橋樑,位於博物館島西南邊,為聯絡對岸的市街於1689年興建,1798年加裝絞盤機械改為中間可以拉開的橋面,方便船隻通過。

◇ 面值35分尼／柳堤橋(Weidendammer Brücke),1897年興建的鋼骨拱橋,位於柏林市中心弗利德里希街道(Friedrichstrasse)跨越史普累河,橋拱跨幅30公尺,寬25公尺。

◇ 面值70分尼／馬克思－恩格斯橋(Marx-Engels-Brücke),由名建築師申克爾設計,在1821～1824年興建的加強混凝土石橋,位於柏林市中心菩提樹大道跨越史普累運河的道路橋,橋長56.3公尺,橋寬32.6公尺。原名宮殿橋(Schlossbrücke),因在橋的東側緊鄰宮殿廣場(Schlossplatz)而得名。東德政府成立後在1951年5月1日將城堡廣場改名為馬克思－恩格斯廣場,同時將此橋改名為馬克思－恩格斯橋。東西德統一後,柏林市政府在1991年10月3日改回原名。

◆ 東德在1986年6月3日發行一套柏林建城750周年（750 JAHRE BERLIN）紀念郵票，共四枚，及一種小全張。

◇ 面值10分尼／1253年最古的柏林市印記紋章（Ältestes Stadtsiegel von Berlin 1253）。

◇ 面值20分尼／1648年的柏林市地圖（Ältester Stadtplan Berlins 1648）。

◇ 面值50分尼／1253年最古的柏林市徽（Ältestes Stadtwappen Berlins），左右各繪一隻黑熊。

◇ 面值70分尼／1832年的尼科來教堂（Nikolaikirche）。

◇ 小全張內含一枚面值1馬克郵票，圖案主題是位於東柏林的東德國會會議大廈（HAUS DES MINISTERRATES DER DDR）。

◆ 東德在1986年7月22日發行一套第九屆青年郵展（9.Briefmarkenausstellung der Jugend 印在圖案左側和左上）紀念郵票，「Berlin, Hauptstadt der DDR」（柏林，德意志民主共和國之首都）印在圖案右上，採聯刷方式，兩枚郵票之間以一枚無面值貼紙相聯，貼紙的主題是1338年的柏林市印記紋章。

　　◇面值10＋5分尼／1652年的柏林景觀圖。

　　◇面值20分尼／1987年的柏林景觀圖，右下是柏林現存最古老的橋樑貞女橋。

◆ 東德在1987年2月17日發行一套柏林建城750周年紀念郵票，共四枚，圖案主題分別是位於東柏林的著名建築物。

　　◇面值20分尼／Berlin-Palais Ephraim，重建的以芙蓮宮，1987年重新啟用。

　　◇面 值 35分 尼 ／ Alt Marzahn-Neubauten，左下是舊馬查恩社區，後面是新的建築物。

　　◇面值70分尼／博物館島的馬克思─恩格斯廣場（Berlin.Marx-Engels-Forum）上豎立的馬克思─恩格斯大雕像（坐者為恩格斯，立者為馬克思的贊助者）。

　　◇面值85分尼／重建的弗利德里希城宮劇院（Berlin-Friedrichstadtpalast），1984年重新啟用。

第七章

東德的建築與景觀

7
東德的建築與景觀

（一）東德各地的建築

◆ 東德在1953年9月16日發行一套名建築設計師克諾貝爾茲多夫（Georg Wenzeslaus von Knobelsdorff，1699-1753）與諾伊曼（Balthasar Neumann，1687-1753）去世兩百周年紀念郵票。

◇面值24分尼／右邊是克諾貝爾茲多夫肖像，左邊是當時位於東柏林的「德意志國家歌劇院」（DEUTCHE STAAT-SOPER BERLIN），克諾貝爾茲多夫是該劇院的建築設計師，1741年開始動工至1743年全部完工。

◇面值35分尼／左邊是諾伊曼肖像，右邊是當時位於富爾茨堡的「富爾茨宮」（SCHLOSS WüRZBURG），諾伊曼是該宮的建築設計師。

◆ 東德在1955年11月14日發行一套歷史上著名的建築物專題郵票，共六枚。

◇面值5分尼／馬格德堡的天主教大教堂（MAGDEBURGER DOM）。
◇面值10分尼／柏林的德意志國家歌劇院（DEUTCHE STAATSOPER BERLIN）。
◇面值15分尼／萊比錫的舊市政廳（ALTES RATHAUS LEIPZIG）。
◇面值20分尼／柏林的的舊市政廳（ALTES RATHAUS BERLIN）。
◇面值30分尼／厄富特的天主教大教堂（ERFURTER DOM）。
◇面值40分尼／德勒斯登的翠英閣（DRESDNER ZWINGER）。

加郵站

　　ZWINGER其原意是以樓閣建築圍繞成一個大庭院的宮殿，由薩克森邦選帝侯弗利德里希‧奧古斯特一世（Friedrich August I）下令於1709～1732年間興建，是十八世紀首屈一指、華麗壯觀的巴洛克式宮殿，原建築物於1945年2月13日盟軍大轟炸時慘遭破壞，現今建築物是在戰後重新修建。

◆ 東德在1967年1月24日發行一套歷史上著名的建築物專題郵票，共六枚。

◇面值5分尼／威爾利茨宮（Schloss Wörlitz），古典式（Klassizismus）建築，於1769～1773年興建。

◇面值10分尼／史特拉潤德市政廳（Rathaus in Stralsund），後哥德式（Spätgotik）建築，大約於1500年興建。

◇面值15分尼／可鄰修道院（Kloster Chorin），磚造哥德式（Backsteingotik）建築，大約於1300年興建。

◇面值20分尼／在柏林的里貝克大廈（Ribbeckhaus in Berlin），後文藝復興式（Spätrenaissance）建築，於1624年興建。

◇面值25分尼／在采茨的模里茨堡（Moritzburg in Zeitz），後文藝復興式建築，於1657～1667年興建，如今成為市立博物館。

◇面值40分尼／前波茨坦市政廳（Altes Rathaus Potsdam），如今成為「漢茲‧馬赫威查」俱樂部會館，巴洛克式（Barock）建築，於1753年興建。

◆ 東德在1968年6月25日發行一套歷史上著名的建築物專題郵票，共四枚。

◇面值10分尼／韋爾尼格羅德市政廳（Rathaus in Wernigerode）。

◇面值20分尼／德勒斯登附近的模里茨堡宮（Schloss Moritzburg bei Dresden）。

◇面值25分尼／格來夫森林市政廳（Rathaus in Greifswald）。

◇面值30分尼／波茨坦無憂宮的新宮（Potsdam Sanssouci, Neues Palais）。七年戰爭（1756～1763年）之後，普魯士國王弗利德里希二世為展現普魯士之國威在1769年興建，位於無憂宮西側的新宮，是當時招待皇室嘉賓的場所，屬於洛可可風格的建築。

◆ 東德在1969年1月15日發行一套歷史上著名的建築物專題郵票，共六枚。

◇面值5分尼／海藻口市的市政廳（Rathaus in Tangermünde），大約於1430年興建。

◇面值10分尼／在柏林的德意志國家歌劇院（Deutsche Staatsoper in Berlin），1741～1743年興建。

◇面值20分尼／德勒斯登的翠英閣（Wallpavillon des Dresdner Zwingers），1709～1732年興建。

◇面值25分尼／在路考的城堡之屋（Burgerhaus in Luckau），1699年興建。

◇面值30分尼／荊棘堡的洛可可式宮（Dornburger Rococo-Schloss），1736～1747年興建。

◇面值40分尼／在厄富特的乾魚之屋（Haus "Zum Stockfisch", Erfurt），1607年興建。

◆ 東德在1969年9月23日發行一套德意志民主共和國建國二十周年紀念郵票，共十二枚（面值皆為10分尼），以及一種小全張（面值1馬克），圖案主題分別是東德在戰後興建的新建築物，左上印東德的國徽。

◇羅斯托克，左邊是航海大樓，右邊是華瑙大旅館（ROSTOCK—Haus der Schiffahrt, Hotel "Warnow"）。（上左圖）

◇新布蘭登堡，文化高樓（NEUBRANDENBURG—Hochhaus für Kultur）。（上中圖）

◇波茨坦，左邊是因特大旅館，右邊是尼可來教堂（POTSDAM—Interhotel, Nikolaikirche）。（上右圖）

◇煉鐵廠市，市民公寓區（EISENHÜTTENSTADT—Wohnblocks）。（左圖）

◇和也斯位達，百貨店大樓（HOYERSWERDA—Warenhaus）。（右圖）

加郵站

　　和也斯位達位於薩克森邦的東北部，1955年東德政府將此地規劃成褐煤再處理綜合工業區，也就是利用當地盛產的褐煤做為火力發電廠的燃料，而吸引許多勞工來此就業，因此被標榜為「社會主義勞工新都市」。兩德統一後，當地的國營事業不能適應新的自由經濟市場，尤其使用褐煤發電既不經濟又不符合現代環保標準，所以逐漸休業關門，成為全德失業率最高的都市，原來的市民只好紛紛前往西德謀生。

◇馬格德堡，市民公寓區
（MAGDEBURG─
Wohnblocks）。（上左圖）
◇哈雷新市，住宅規劃區（HALLE-
NEUSTADT─Wohnanlage）。
（上右圖）
◇蘇爾，左邊是公寓高樓，右邊是
圖林根觀光大旅館（SUHL─
Wohnhochhaus, Hotel "Thürin-
gen Tourist"）。（下左圖）
◇德勒斯登，文化宮（DRESDEN
─Kulturpalast）。（下右圖）

◇萊比錫，大學高樓之外表輪
廓（郵票發行時主體建築尚
未完成）及卡爾·馬克思廣
場（LEIPZIG─Universitäts-
Silhouette, Karl-Marx-
Platz）。

大學高樓高142.5公尺，是萊
比錫最高的建築物，由名建築師亨
澤曼（Hermann Henselmann）規
劃設計，外形像一本張開的書，於
1968～1972年興建，1999～2002
年重新整修，兩德統一後改名都市
高樓（City-Hochhaus Leipzig）。

◇卡爾·馬克思市，住宅規劃區（KARL-MARX-STADT
─Wohnanlage）。該市原名啓姆尼茨（Chemnitz），
1953年5月10日東德政府改稱為卡爾·馬克思市，在東
西德統一的過渡時期中，1990年6月1日當地民眾決議
回復原名。

◇柏林，德意志民主共和國
首都，史特勞斯堡廣場景
觀（BERLIN Hauptstadt
der DDR－ Blick vom
Strausberger Platz）。遠
處可看到電視高塔。

◇小全張內含一枚郵票，圖案上方是
東德的國徽，下方是東柏林市政
廳，中左是馬利恩教堂，中右是電
視高塔。

◆ 東德在1983年2月22日發行一套歷史性的市政廳（HISTORISCHE RATHÄUSER）專題郵
票，共四枚。

◇面值10分尼／哈茨的史托爾堡（STOLBERG）市政廳，1482年興建，1600年重修。
◇面值20分尼／格拉（GERA）市政廳，1573～1576年興建。
◇面值25分尼／培斯內克（PÖSSNECK）市政廳，1478～1486年興建。
◇面值35分尼／柏林的紅樓市政廳，1861～1869年興建。

（二）包浩斯建築

包浩斯（Bauhaus，存在於1919～1933年之間），為國立包浩斯學院（Staatliches Bauhaus）的通稱，是一所德國的建築藝術學院，講授並發展建築藝術設計教育。Bauhaus是德文Bau-Haus組成（Bau為名詞、「建築」之意，動詞bauen為建造之意；Haus為名詞、「房屋」之意，Bauhaus就是「築屋」），由建築師華爾特‧格羅比烏斯（Walter Gropius，1883-1969）1919年時於德國的威瑪（Weimar）創立。

由於該院教授與威瑪共和政府關係密切，因此右派的國家社會主義人士對包浩斯學校的作風持反對態度，當時德國的國家社會主義人士基於法西斯信念（集中意志與權力）而在建築風格傾向羅馬古典式、文藝復興式，無法接受前衛的人民風格。1933年國家社會黨（即俗稱之納粹黨）掌權後，包浩斯被迫解散，主事者包括創辦人華爾特‧格羅比烏斯紛紛流亡美國。

包浩斯學派對於現代建築學影響深遠，今日的包浩斯早已不單是指一所學院，而是一種建築流派或風格的統稱，注重建築造型與實用機能合而為一。事實上，包浩斯的影響不止於建築領域，在工業設計、現代戲劇、現代美術等的發展上都具有深入影響。

◆ 西德（DEUTSCHE BUNDESPOST即德意志聯邦郵政之意）在1983年2月8日發行一套包浩斯藝術與建築專題郵票，共三枚，圖案主題分別是包浩斯學派作品。創作者、作品名稱及製作年代印在圖案的最下緣。

◇面值50分尼／LASZLO MOHOLY-NAGY「LICHT-RAUM-MODULATOR」1930（拉斯羅‧摩荷利一那宜〔1895-1946〕在1930年的作品「光一空間一調幅器」，使用材質：塑膠）。

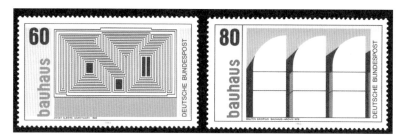

◇面值60分尼╱JOSEF ALBERS「SANCTUARY」1942（約瑟夫‧阿伯茲〔1888-1976〕在
1942年的作品「至聖所隱密處」，使用材質：鋅版）。

◇面值80分尼╱WALTER GROPIUS「BAUHAUS-ARCHIV BERLIN」1979（華爾特‧格羅比
烏斯生前設計在1979年完成的作品「位於柏林的包浩斯建築」一扇形門上窗〔或稱為天窗〕造
型）。

◆ 東德在1980年5月27日發行一套包浩斯建築專題郵票，共六枚。

◇面值5分尼╱位於德紹（Dessau），格羅比烏斯設計、1928年建造的消費合作社大樓
（Konsumgebäude）。

◇面值10分尼╱位於柏林的弗利德里希區（Berlin-Friedrichsfelde），米斯‧凡‧得‧婁赫
（Mies van der Rohe）設計、1926年建造的社會主義紀念館（Gedenkstätte der
Sozialisten）。

◇面值15分尼╱位於威瑪，格羅比烏斯設計、1922年建造的三月歿者紀念紀念碑（Denkmal für
die Märzgefallenen）。

◇面值20分尼╱位於德紹，慕且與鮑利克（G. Muche & R. Paulick）設計、1926年建造的鋼館
（Stahlhaus）。

◇面值50分尼／位於伯瑙（Bernau），漢内斯·梅耶（Hannes Meyer）設計、1928/30年建造的工會學校（Gewerkschafts-schule）。
◇面值70分尼／位於德紹，格羅比烏斯設計、1926年建造的包浩斯學院大樓（BAUHAUS-gebäude）。

　　德紹位於東德中部穆德河與易北河交會處，由於在第二次世界大戰期間是德國空軍的武器製造廠而遭到盟軍猛烈轟炸，以致當地建築物幾乎全毀，戰後依東德的社會主義式重建，建築物都採混凝土厚板結構體，並成為東德的主要工業中心。

（三）東德各地的景觀

◆ 東德在1966年5月17日發行一套自然與景觀保護區（即國家公園）專題郵票，共六枚。

◇面值10分尼／東德中部的史普累河森林（Spreewald）。
◇面值15分尼／東德北部旅根島（Rügen，德國最大島嶼）的Königstuhl山。
◇面值20分尼／東德中部德勒斯登東南方薩克森邦的許懷茲（Sächsische Schweiz）。

◇面值25分尼／東德北部瀕波羅的海的西大斯沙灘（Westdarß）。

◇面值30分尼／德國中部在哈茨山區塔雷鎮的鬼牆岩（Teufelsmauer）。

◇面值50分尼／東德東北部在梅克倫堡的費爾德堡湖區（Feldberger Seen）。

◆ 東德在1980年1月29日發行一套德意志民主共和國的巴洛克花園（BAROCKGÄRTEN IN DER DDR）專題郵票，共四枚。

◇面值10分尼／位於薩克森邦南部海德瑙（Heidenau）的大西得利茨（Großsedlitz）的平安音樂園（Stille Musik）。

◇面值20分尼／位於威瑪在展望樓的橘叢樹園（Orangerie im Belvedere）。

◇面值50分尼／位於圖林根邦東部多恩堡（Dornburg）的底層花園（Parterre）。

◇面值70分尼／位於萊茵堡的宮殿庭園（Schloßpark）。

◆ 東德在1981年6月9日發行一套德意志民主共和國的景觀公園（LANDSCHAFTPARKS IN DER DDR）專題郵票，共六枚，郵票的上部是景觀圖、下部是位置圖。

◇面值5分尼／威爾利茨花園（WÖRLITZ）。1750年修建，長25公里，是中歐最大的花園，北邊瀕臨易北河，2000年被聯合國教科文組織列入世界文化遺產。

◇面值10分尼／威瑪的提富特公園（TIEFURT）。

◇面值15分尼／馬克思森林（MARXWALDE）。馬克思森林在布蘭登堡邦東邊的小行政區。哈登堡爵主是普魯士的總理，以自己的名字命名本地稱為新哈登堡（Neuhardenberg）。在1949年被改名為馬克思森林，東德時期沿用此名，1991年恢復原名。

◇面值20分尼／科特布斯東南邊的布拉尼茨公園（BRANITZER PARK）。

加郵站

布拉尼茨公園又名碧克爵主公園（Fürst-Pückler-Park Branitz），由碧克爵主（Herrmann Fürst von Pückler-Muskau，1785-1871）在1876～1871年之間陸續擴建成100公頃的大園地，1946年被東德政府沒收改為博物館公園。

◇面值25分尼／東柏林的特雷浦托公園（TREP-
TOW），目前在柏林市區的東南部。

◇面值35分尼／偉任堡（WIESENBURG）的宮殿
公園。

◆ 東德在1988年4月5日發行一套位於東德北部靠近波羅的海的市街景觀專題郵票，共六枚。

◇面值5分尼／東德西北部瀕波羅的海的港市威茲瑪（Wismar），該市的市徽印在左上角，圖案
是該市的市政廳前廣場。
◇面值10分尼／東德東北部靠近濕澤津湖（Szczecinski）的安克蘭（Anklam），該市的市徽印在
左下角，圖案中央是該市的市集廣場。
◇面值25分尼／東德北部瀕波羅的海的港市里布尼茨－堤園地（Ribnitz-Damgarten。里布尼
茨、堤園地分別位於雷克尼茨河注入里布尼茨潟湖的河口兩岸，1950年合併成一個小港鎮），
該市的市徽印在右側，左側是該市的地標──建於1233年的馬利恩教堂（Marienkirche），圖
案上面是可通往波羅的海的里布尼茨潟湖（Ribnitzer See）。

◇面值60分尼／東德北部瀕波羅的海的港市史特拉潤德
（Stralsund），該市的市徽印在左側，圖案中央的尖塔建
築物是該市的地標──建於1276年當地最古老的尼科萊
教堂（Nikolaikirche）。

◇面值９０分尼／東德北部最大的旅根島中部的伯根（Bergen），該市的市徽印在右上，圖案中央是該市的地標——建於1180年的馬利恩教堂（Marienkirche）。

◇面值１.２０馬克／東德北部瀕波羅的海的格來夫森林（Greifswald），該市的市徽印在左側，圖案中右是該市的地標——建於1263年的聖尼科萊教堂（Dom St. Nikolai）。

（四）東德的城堡與宮殿

　　東德在1984、1985、1986年各發行一套城堡與宮殿系列專題郵票。

◆ 1984年11月6日發行，共四枚：

◇面值10分尼／獵鷹石城堡（BURG FALKENSTEIN），位於薩克森－安哈爾特（Sachsen-Anhalt）邦西部的哈茨山區獵鷹石鎮（Falkenstein/Harz）。

◇面值20分尼／克利部石城堡（BURG KRIEBSTEIN），位於薩克森邦啓姆尼茨（Chemnitz）行政區米特懷達（Mittweida）郡的克利部石村。

◇面值35分尼／拉尼斯城堡（BURG RANIS），位於圖林根邦東部的拉尼斯小村。

◇面值80分尼／新城堡（NEUENBURG），位於薩克森－安哈爾特邦南部的弗萊堡鎮（Freyburg）。

◆ 1985年10月15日發行，共四枚：

◇面值10分尼／仿效石城堡（BURG HOHNSTEIN），位於薩克森邦東南部的仿效石小鎮（Hohnstein）。

◇面值20分尼／羅赫城堡（ROCHSBURG），位於薩克森邦啓姆尼茨行政區米特懷達郡的倫琛瑙鎮（Lunzenau）。

◇面值35分尼／黑山城堡（BURG SCHWARZENBERG），位於薩克森邦南部的厄茨山區黑山（Schwarzenberg/Erzgebirge）城鎮。

◇面值80分尼／石塊城堡（BURG STEIN），位於薩克森邦西南部硬石小鎮（Hartenstein）的附近。

◆ 1986年7月29日發行，共四枚：

◇面值10分尼／許末林宮（SCHLOSS SCHWERIN），東德最美麗的宮殿城堡，位於德國東北部梅克倫堡一前波梅稜邦首府什末林的許末林湖（Schweriner See）中的小島上，1358～1918年是歷代梅克倫堡邦大公爵的常居宮殿。東德政府在1952～1981年將它改為培育幼稚園老師的師範學院，此後至1993年成為一座博物館，目前則改為梅克倫堡一前波梅稜邦的邦議會（Landtag）所在地。

◇面值20分尼／居斯特羅宮（SCHLOSS GÜSTROW），位於德國東北部梅克倫堡一前波梅稜邦中部，羅斯托克海港南方45公里處的居斯特羅鎮（Stadt Güstrow）。屬於十六世紀的文藝復興式建築，1556～1603年是梅克倫堡邦鄔爾里希三世爵主的常居宮殿，1972年起改為舊北德藝術、近代藝術博物館。

◇面值85分尼／萊茵堡宮（SCHLOSS RHEINSBERG），位於德國東北部布蘭登堡邦北部的萊茵堡鎮。1566年最初建造時屬於文藝復興式，1734年普魯士國王弗利德里希‧威廉一世得到該宮將它賜給太子，太子在1740年成為國王弗利德里希二世後，聘請名建築師肯梅特（Johann Gottfried Kemmeter）與克諾貝爾茲多夫加以整修改建和擴建。目前做為各種文化藝術活動的場所。

◇面值1馬克／路德威希行樂宮（SCHLOSS LUD-WIGSLUST），位於德國東北部梅克倫堡－前波梅稜邦西南部的路德威希行樂鎮（Ludwigslust），在首府許未林的南方40公里處。1724年，梅克倫堡－許未林邦主的兒子路德威希爵主（Herzog Christian Ludwig）決定在此興建一座狩獵行宮，後來他大都常居於此，1765年成為該邦首府。巴洛克式的路德威希行樂宮於1772～1776年興建，當時贏得「梅克倫堡的小凡爾賽宮」美譽。直到1837年，保羅‧弗利德里希（Paul Friedrich）大公爵才將該邦首府遷回許未林。

（五）東德的橋樑

◆東德在1976年9月21日發行一套德意志民主共和國的橋樑（Brücken in der DDR）專題郵票，共六枚，圖案主題選用東德著名的橋樑。

◇面值10分尼／越過田泊淋湖的鋼拱鐵路橋（BRÜCKE ÜBER DEN TEMPLINER SEE）。田泊淋湖位於波茨坦的西南方，屬於哈菲爾河流中河面較寬部分，1950年代東德政府為將外環大柏林的鐵路連接起來，於是在田泊淋湖最寬處修築了一條長1170公尺、寬90公尺、高10公尺的鐵路護堤（Eisenbahndamm），在護堤西側、即靠近湖的左岸則造了一座長150公尺鋼拱鐵路橋，使哈菲爾河水流經橋下，鐵路護堤成為田泊淋湖上的最佳觀光景點。

◇面值15分尼／越過「鷹架」大道（位於柏林市東南部）的混凝土鐵路橋（BRÜCKE BERLIN-ADLERGESTELL）。

◇面值20分尼／在羅絲勞（位於柏林市西南方100公里處）附近，越過易北河的鋼架鐵路橋（ELBBRÜCKE BEI ROßLAU）。建於1970年，長228公尺。

◇面值25分尼／格爾茨許山谷磚造鐵路高架拱橋（GÖLTZSCHTAL-VIADUKT）。

◇面值35分尼／位於馬格德堡（位於東德西部），越過易北河的混凝土道路橋（ELBBRÜCKE MAGDEBURG）。

◇面值50分尼／位於許未林（位於東德西北部），越過大空地的混凝土道路橋（BRÜCKE AM GROSSEN DREESCH SCHWERIN）。

格爾茨許山谷磚造鐵路高架拱橋位於德國東部薩克森邦管轄區郡的來亨巴赫（Reichenbach）與普勞恩（Plauen，位於管轄區郡中央）之間，跨越格爾茨許山谷。巴伐利亞國王路德威希一世與薩克森國王在1841年簽約，准許興建從紐倫堡到萊比錫的鐵路，附帶承諾一座跨越格爾茨許山谷的鐵路橋。

到了1845年，由設計者Johann Andreas Schubert教授做橋樑的結構分析，他參考古代羅馬人建造的水道高架橋，決定採用連續小橋拱，分成四階層。小橋拱的優點是有足夠的支撐力，而中空部位是要讓河谷強風通過，減輕風壓以鞏固橋柱，另外就是減少物料及人工費用。

1846年開始動工，由於工程浩大，直到1851年才完工，總共用了兩千六百萬個磚塊。橋長578公尺，最中間的橋拱幅30.9公尺，橋高78公尺。1851年7月15日第一班列車通過格爾茨許山谷拱橋，據當時記載，從遠方觀看在橋上前進的列車好像是一條小毛毛蟲在爬行，由此可見整座拱橋的氣勢是何等雄偉，所以被稱為「世界第八大奇觀」。

◇1981年拍攝的格爾茨許山谷拱橋，一列鐵路客車正在橋上行進。

Eisenbahnbrücken im Vogtland

◇1984年拍攝的「在管轄區的鐵路橋樑」（Eisenbahnbrücken im Vogtland）。左上是在普勞恩的
希拉河谷橋（Syratalbrücke），建於1871～1873年，橋長200公尺，高30公尺。右上是跨越白
鵲河（Weiße Elster，發源於捷克西部山區，流長257公里，在哈雷市注入札雷河）的鵲河谷
橋（Elstertalbrücke），建於1846～1851年，橋長283公尺，高68公尺，鵲河谷鐵路的路段鋪
設在橋上，是世界上第二長的磚造拱橋（僅次於格爾茨許山谷磚造拱橋）。下方是格爾茨許山
谷橋，由蒸汽機關車牽引的貨物列車正從橋上經過。

◆ 東德在1988年10月18日發行一套科技紀念建築（TECHNISCHE DENKMALE）專題郵票，共五枚，圖案主題選用東德著名的可升降式橋樑。

◇面值5分尼／位於馬格德堡中間橋段可升降式的鋼架鐵路橋（Hubrücke in Magdeburg）。建於1934年，跨越易北河，總長220公尺，中間橋段跨幅90公尺，已停止使用。
◇面值10分尼／位於馬格德堡羅天湖的船舶升降機橋（Schiffshebewerk Magdeburg Rothensee）。屬於德國中部內陸運河的河道橋，跨越公路，建於1938年，橋段水槽長85公尺、寬12公尺、深2.5公尺，但僅容許最長82公尺、最寬9.5公尺、吃水最深2公尺的船舶通過。

◇面值35分尼／位於下芬瑙（柏林東方接近奧德河）的船舶升降機橋（Schiffshebewerk Niederfinow），跨越河流，於1927～1934年興建，成為連接「奧德河（德國與波蘭的邊界河）－哈菲爾河－易北河的運河」的水道。河道橋升降機高60公尺、寬27公尺、長94公尺，橋段水槽長85公尺、寬12公尺、深2.5公尺，上層河道與下層河道落差36公尺。

加郵站

　　船舶升降機橋的操作方法是利用橋段水槽來載運船舶升降。橋段水槽就類似升降式電梯的運作，下層河道的船舶進入水槽後，關閉與下層河道連接的閘門，再將水槽升到與上層河道相同高度，接著打開與上層河道連接的閘門，然後船舶離開水槽進入上河道。由於船舶升高後，在船上的人員可以俯瞰奧德河附近大平原，因此每年除冬季外，船舶升降機橋吸引不少觀光客來此體驗搭船舶進水槽升降，以及欣賞河道的機關建築融入大自然的景緻，而成為下芬瑙的地標與最著名的觀光景點。

◇面值70分尼／位於舊弗里札克的可拉起式吊橋與水閘
　（Zugbrücke mit Schleuse in Altfriesack，在柏林西北
　方約50公里），跨越里因運河（Rhinkanal）。原橋是建
　於1787年的木造橋，1927年改建為鋼架橋，1994年
　全部整修。

◇面值90分尼／客運列車正通過位於旅根堤的磚渠—可拉
　起式、跨海鐵路吊橋（Ziegelgraben-Klappbrücke
　Rügendamm），當橋面拉開時船隻可以通行，為避免船
　隻撞到橋墩，所以在橋墩外圍設置護欄。

加郵站

　　　旅根（Rügen）是德國最大的島嶼，在波羅的海中，緊
　鄰德國北部的史特拉潤德海港。旅根堤（Rügendamm）橋
　是連絡史特拉潤德和旅根島的跨海鐵路橋樑，因為其中的橋
　段越過甸侯姆島（Dänholm），所以整座橋分成三段。1931
　年開始興建，1936年10月5日通車。
　　　第一段是史特拉潤德至甸侯姆島的「磚渠—可拉起式、
　跨海鐵路吊橋」（Ziegelgraben-Klappbrücke），長133公
　尺。第二段是在甸侯姆島上的「旅根堤」（Rügendamm）。
　第三段是甸侯姆島至旅根島的「旅根堤跨海鐵路橋」
　（Rügendammbrücke），長2540公尺。

第八章

東德第二大都市——萊比錫

8
東德第二大都市
——萊比錫

萊比錫（Leipzig）是薩克森邦（Sachsen）的最大都市，在東德是僅次於柏林的第二大都市，面積297.60平方公里。其德文Leipzig源自西斯拉夫語系所部語的「Lipsk」一詞，其意爲在有菩提樹（linden）的居住地。

萊比錫位於薩克森邦的西北部，在柏林西南方約145公里處，普萊斯、白愛斯特、帕堤（Pleiße, White Elster, Parthe）三條河流的交會地；普萊斯河自南方流入、白愛斯特自西方流入、帕堤自東方流入市中心。

在1015年的一項文件中，第一次提到「萊比錫城堡」。1160年買森的封疆伯爵（Markgraf Otto der Reiche von Meißen，1125-1190）准許建立城市與市集經營權，此後每年都要舉行兩次（春季、秋季各一次）大規模的商業性集會；1268年頒發的特許狀，使得萊比錫市集更加制度化，成爲近代商展及博覽會的濫觴。自1497年起，萊比錫得到神聖羅馬帝國皇帝麥西米連一世（Maximilians I）的准許開辦商業展覽會。1507年，麥西米連一世頒詔，規定萊比錫周圍15德意志里（deutschen Meilen）的範圍內享有商展特許權（Messeprivilegs）。從此萊比錫的貿易、商展會地位日益重要，後來發展爲今日世界著名的商展會之都。

◆ 1947年3月5日德意志郵政在美國、英國盟軍聯合管理時爲1947年的萊比錫春季商展發行一套附捐郵票，共兩枚，圖案上緣印「LEIPZIGER MESSE」即「萊比錫商展」之意。

◇面值24＋26分尼／圖案主題是1160年買森的封疆伯爵宣告萊比錫的市集經營權（Leipzig erhält Marktrecht）。

◇面值60＋40分尼／圖案主題是1268年封疆伯爵Dietrich von Landsberg宣告保障在萊比錫的外國商人（Schutz fremder Kaufleute）。

◆ 1947年9月2日德意志郵政在美國、英國盟軍聯合管理時為1947年的萊比錫秋季商展發行
　一套附捐郵票，共兩枚。

◇面值12分尼／圖案主題是
　1497年神聖羅馬帝國皇帝麥
　西米連一世宣告商展特許權
　（Messeprivileg）。
◇面值75分尼／圖案主題是
　1365年收取稅金與攤位租金
　（Schätzung u. Erhebung d.
　Budenzinses）。

（一）萊比錫的鐵路郵票

　　僅次於1386年創辦的海德堡大學，1409年創辦的萊比錫大學
（Universität Leipzig）成為德國第二古老的大學。十五世紀末期已有印刷業
者和書商攜帶書籍來此展售，1481年起書籍已在萊比錫印刷，到了1530年已
經出版了一千三百多種書籍，1650年世界最早的日報在此發行，接著印刷
店、出版社紛紛設立。如今萊比錫國際書展成為世界上規模最大的圖書交易
及展覽會之一。

　　在東德時代，萊比錫是東歐共產圈唯一對外開放貿易的商業都市，當
時日本、美國和西方國家的商人、公司如果要做東歐國家的貿易，就得光臨
萊比錫商展尋找商機。因為每年的萊比錫國際性商展所引伸出來的對自由世
界的貿易量，帶給東德及其他東歐國家可觀的外匯收入，所以當時東德政府
重視萊比錫的國際地位（其實就是經濟價值觀）遠超過東德首都東柏林。

　　1839年興建完成的德國第一條長途鐵路，由萊比錫通到薩克森邦的首
府德勒斯登，全長115.9公里。萊比錫在當時位於德國的中心地帶，又接近
奧匈帝國管轄的波希米亞（即當今之捷克），十九世紀中期歐洲各國致力興

建鐵路網，自萊比錫往北的鐵路可通到柏林，向東延伸的鐵路可通到普魯士，向南則和波希米亞的鐵路接軌，可通到布拉格，因此到了1871年德國統一之後，萊比錫車站（當時萊比錫人口已超過十萬人）成為中歐鐵路運輸最重要的樞紐站。

◆ 1989年4月4日東德發行一套德國第一條長途鐵路一萊比錫至德勒斯登（1.Deutsche Ferneisenbahn LEIPZIG-DRESDEN 1839-1989印在圖案下緣）通車150周年紀念郵票，共三枚。

◇面值15分尼／德國政治經濟學家弗利德里希・李茲特（Friedrich List geboren 1789印在圖案左上，1789-1846）畫像。李茲特在1833年公佈一項德國鐵路系統計畫，1835年得到12位萊比錫市民的熱烈回應共同集資創立「萊比錫至德勒斯登鐵路公司」（Leipzig-Dresdner Eisenbahn-Compagnie），當年11月16日取得路段興建權，於1836年3月1日破土動工，1839年4月7日全線正式通車。

◇面值20分尼／1839年通車時在萊比錫的德勒斯登車站（Dresdner Bahnhof in Leipzig 1839印在圖案左上）。

◇面值50分尼／1839年通車時在德勒斯登的萊比錫車站（Leipziger Bahnhof in Dresden 1839印在圖案左上），圖案顯示德國製造的第一輛蒸汽機關車「薩克森尼亞號」（SAXONIA）牽引客運列車正進站的情景。

◆ 1985年9月24日東德發行一套德國第一條鐵路通車150周年紀念郵票，共四枚，圖案上緣印政治標語「社會主義鐵路組織體系及其傳統」（DAS SOZIALISTISCHE EISENBAHN WESEN UND SEINE TRADITIONEN）。

◇面值20分尼／圖案上面是鐵路列車於路線行進顯示板（MELDETAFEL GS II DR〔DETAIL〕），下面是軌道旁的指示信號塔樓（GLEISBILDSTELLWERK）。

◇面值25分尼／圖案上面是德國製造的第一輛蒸汽機關車「薩克森尼亞號」，此為1838年於德國第一條長途鐵路牽引列車，右上是「薩克森尼亞號」的設計師修伯特（Johann Andreas Schubert，1808-1870）肖像，下面是1985年使用的BR 250型電力機關車（ELEKTROLOK BR 250）。

◇面值50分尼／主題是鐵路的路段電力化（STRECKENELEKTRIFIZIERUNG印在圖案右下），圖案顯示直升機正吊起電纜線滾筒，下面是客運車廂。

◇面值85分尼／主題是萊比錫中央鐵路車站（HAUPTBAHNHOF LEIPZIG印在圖案右下）的鳥瞰圖，圖案左上角印表示「列車可以通行」的綠色環狀圓形板及綠白色方格相間信號板。

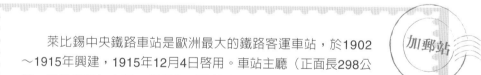

加郵站

　　萊比錫中央鐵路車站是歐洲最大的鐵路客運車站，於1902～1915年興建，1915年12月4日啓用。車站主廳（正面長298公尺，四個樓層）內有26個月台（目前改為24個月台）以及5個延伸出去的外部月台，每天有980班次列車自該站出發及抵達該站。1944年7月7日遭盟軍轟炸受損嚴重，1954～1962年陸續進行復建工程，費用共計四千萬馬克。1998年完成車站內部現代化整建，包括兩個大的多層停車區，和候車大廳上的三個樓層規劃成面積三萬平方公尺的購物與服務中心，至2004年已有220間商店營業。

◆ 1920年代的萊比錫中央鐵路車站

◆ 1978年拍攝
的萊比錫中
央鐵路車站

（二）萊比錫商展宣傳郵票

　　早在第二次世界大戰前，德國政府已發行過萊比錫商展宣傳郵票，大戰結束後，東德自1950年起亦開始發行萊比錫商展宣傳郵票，茲按發行年代介紹於後。

◆ 德國（DEUTSCHES REICH，希特勒執政時所用的國名）在1941年3月1日發行萊比錫春季商展宣傳郵票，共四枚，在圖案上緣飄帶印「REICHSMESSE LEIPZIG」即「國家商展萊比錫」之意，圖案主題是萊比錫著名的建築物。

◇面值3分尼／列國館（Haus der Nationen）。
◇面值6分尼／布商會館音樂演奏廳（Gewandhaus）。
◇面值12分尼／舊度量衡裁決所（Alte Waage）。
◇面值25分尼／萊比錫中央鐵路車站（Hauptbahnhof）。

◆1950年3月5日發行萊比錫春季商展宣傳郵票，共兩枚。

◇面值24＋12分尼／1710年萊比錫商展的首次陶瓷器交易（Erstes Porzellan auf der Messe）。歐洲直到1709年當時薩克森邦買森的煉金術士貝特格（Johann Friedrich Böttger），才做出和中國同樣精緻的瓷器。

◇面值30＋14分尼／1894年在萊比錫市立百貨店舉行的首次玩偶、模型交易（Erste Mustermesse im Städtischen Kaufhaus）。

◆ 1951年3月4日發行萊比錫春季商
展宣傳郵票，共兩枚，面值分別是
24分尼和50分尼，圖案相同，正中
印兩個相疊的「ＭＭ」就是萊比錫
商展的標誌（1917年由格魯那
〔Erich Gruner〕設計），背景是冒
出煙燻的工廠。

◆ 1952年9月7日發行萊比錫秋季商
展宣傳郵票，共兩枚，面值分別
是24分尼和35分尼，圖案相同，
左上角是萊比錫商展的標誌加在
萊比錫市徽上，右上是和平鴿和
地球，主題是重型機器廠房。

◆ 1953年8月29日發行萊比錫秋季商展宣傳郵票，共兩枚。圖案主題分別是：

◇面值24分尼／建築用機器（BAU-
MASCHINEN印在圖案最下面外中間
處）──挖土機。
◇面值35分尼／馬鈴薯收割機（LAND-
MASCHINEN印在圖案最下面外中間
處）。

◆ 1954年9月4日發行萊比錫秋季商
展宣傳郵票，共兩枚，面值分別
是24分尼和35分尼，圖案相同，
主題皆是商展的交易會館
（MESSEHAUS HANDELSHOF
印在圖案最下面外的中間處）。

◆ 1955年2月21日發行萊比錫春季商展宣傳郵票，共兩枚，圖案右下緣印商展期間1955年2月27日至3月9日。

◇ 面值20分尼／科技展（Technischen Messe）的蘇聯展覽館（SOW-JETISHER MESSEPAVILLION印在圖案最下面外的中間處）。

◇ 面值35分尼／科技展的中國展覽館（CHINESISHER MESSEPAVILLION印在圖案最下面外的中間處）。

◆ 1955年8月29日發行萊比錫秋季商展宣傳郵票，共兩枚，圖案右下緣印商展期間1955年9月4日至9日。

◇ 面值10分尼／顯微鏡和照相機，背景是商展第二館、第三館（MESSEHALLE II/III印在圖案最下面外的中間處）。

◇ 面值20分尼／花瓶、水壺、咖啡壺、咖啡杯、盤子等器皿，背景是梅德勒拱廊通道商店大廈的出入口（MÄDLERPASSAGE印在圖案最下面外的中間處）。

◆ 1956年2月26日發行萊比錫春季商展宣傳郵票，共兩枚，面值分別是20分尼和35分尼，圖案相同，右下緣印商展期間1956年2月26日至3月8日，最下面外的中間處印主題名稱「鐵道用的起重機」（EISENBAHN DREHKRÄNE）。

◆ 1956年9月1日發行萊比錫秋季商展宣傳郵票，共兩枚。

◇面值10分尼／圖案中間印萊比錫商展標誌，左側是的普勞恩的蕾絲（Plauener Spitzen印在圖案外面的左下角處），圖案上緣印商展期間1956年9月2日至9日。普勞恩位於薩克森邦的西南角，以生產蕾絲聞名德國。

◇面值20分尼／圖案中間是一艘模型帆船，帆上印萊比錫商展標誌，右下印商展期間1956年9月2日至9日。

◆ 1957年3月1日發行萊比錫春季商展宣傳郵票，共兩枚，圖案上緣印「LEIPZIGER FRÜHJAHRSMESSE」即「萊比錫春季展」之意，主題是宣揚當年東德重工業的產品。

◇面值20分尼／一萬噸級的動力載貨船（10000t MOTOR-FRACHTSCHIFF）。

◇面值25分尼／鐵路的電力機關車（ELEKTROLOKOMO-TIVE）。

◆ 1957年8月30日發行萊比錫秋季商展宣傳郵票，共兩枚，面值分別是20分尼和25分尼，圖案相同，中間印萊比錫商展標誌，右側印「HERBSTMESSE」即「秋季展」之意。此套郵票的圖案設計被集郵界評為萊比錫商展系列專題郵票中最簡單的一套，其實就是最無創意的一套。

◆ 1958年2月27日發行萊比錫春季商展宣傳郵票，共兩枚，面值分別是20分尼和25分尼，圖案相同，主題是地球，地球上襯有一隻和平鴿，球心印萊比錫商展標誌。

◆ 1958年8月29日發行萊比錫秋季商展宣傳郵票，共兩枚，圖案上緣印「LEIPZIGER HERBSTMESSE」即「萊比錫秋季展」之意，主題是宣揚皮大衣出口，背景是萊比錫的著名建築物。

◇面值10分尼／主題是皮大衣出口——東歐種大頰鼠皮（PELZEXPORT-HAMSTERFUTTER印在圖案左側），背景是萊比錫的中央鐵路車站。

◇面值20分尼／主題是皮大衣出口——克拉庫羊皮（PELZEXPORT-KARAKUL印在圖案右側），背景是萊比錫的舊市政廳（Leipziger Altes Rathaus）。

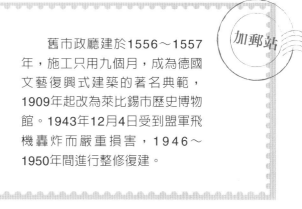

舊市政廳建於1556～1557年，施工只用九個月，成為德國文藝復興式建築的著名典範，1909年起改為萊比錫市歷史博物館。1943年12月4日受到盟軍飛機轟炸而嚴重損害，1946～1950年間進行整修復建。

◆ 1959年2月28日發行萊比錫春季商展宣傳郵票，共兩枚。

◇面值20分尼／主題是「黑泵綜合工業區」（Kombinat Schwarze Pumpe印在圖案中左處）的起重機、廠房大樓、冶煉高爐。

◇面值25分尼／主題是「攝影器材」的照相機和八釐米攝影機（在圖案左下）。

◆ 1959年8月17日發行一枚萊比錫秋季商展宣傳郵票，面值20分尼。主題是萊比錫的新建大廈，右邊的地球圖形內有相疊的「MM」是當年新設計的萊比錫商展標誌。

◆1960年2月17日發行萊比錫春季商展宣傳郵票，共兩枚。

◇面值20分尼／科技展覽會北入口處（TECHNISCHE MESSE NORDEINGANG印在圖案外邊的左下角處），右邊是萊比錫商展標誌。

◇面值25分尼／萊比錫的「鈴」展覽館（LEIPZIGER RINGMESSEHAUS印在圖案外邊的左下角處），左邊是萊比錫商展標誌。

◆ 1960年8月29日發行萊比錫秋季商展宣傳郵票，共兩枚。

◇面值20分尼／圖案是1956～1960年興建的萊比錫歌劇院（NEUERBAUTES LEIPZIGER OPERNHAUS印在圖案外面的左下角處）。

◇面值25分尼／圖案左下是東德製造的華特堡（Wartburg）牌私人轎車（Personenkraftwagen，簡稱Pkw），左上是休閒活動用的帆船，右邊是帳棚，中間是休閒露營活動的一家人。

◆1961年3月2日發行萊比錫春季商展宣傳郵票，共兩枚。

◇面值10分尼／主題是「380千瓦的轉換器」
（380 KILO-VOLT-SCHALTER印在圖案的下
面）。

◇面值25分尼／主題是「萊比錫的出版中心大廈」
（LEIPZIGER PRESSEZENTRUM印在圖案的
下面）。

◆1961年8月23日發行萊比錫秋季商展宣傳郵票，共兩枚。

◇面值10分尼／位於市集廣場1555年興建的歷史
性建築物「舊度量衡裁決所」（ALTE WAAGE印
在圖案的最下緣）。

◇面值25分尼／1678～1687年興建的巴洛克式建
築物「舊交易所」（ALTE BÖRSE印在圖案的最
下緣）。

◆1962年2月22日發行萊比錫春季商展宣傳郵票，共三枚。

◇面值10分尼／1694年改建的巴洛克式建築物「咖啡
樹之屋」（ZUM KAFFEEBAUM印在圖案的最下
緣）。這是萊比錫最著名的咖啡館，著名文學家歌德
和音樂家李斯特、華格納、舒曼曾經是該館的常客。

◇面值20分尼／1754～1756年興建的洛可可式建築物
「高麗舍宮殿」（GOHLISER SCHLÖSCHEN印在圖
案的最下緣）。

◇面值25分尼／1701～1704年興建的巴洛克式建築物「羅馬努茲大廈」
（ROMANUS HAUS印在圖案的最下緣，紀念當時的市長Franz Conrad
Romanus）。

◆ 1962年8月28日發行萊比錫秋季商展宣傳郵票，共三枚。

◇面值10分尼／建於1896～1901年的「市立百貨店」（STÄDTISCHES
KAUFHAUS），世界第一個固定舉行的商展會館。

◇面值20分尼／建於1530～1538年的文藝復興
式「梅德勒拱廊通道商店大廈」（MÄDLER-
PASSAGE印在圖案最下緣），1625年改為購
物店拱廊通道，傳統上是陶器、瓷器的展示
交易場所。

◇面值25分尼／萊比錫飛機場（FLUGPLATZ
LEIPZIG）和飛機的機頭。

◆1963年2月26日發行萊比錫春季商展宣傳郵票，共三枚。

◇面值10分尼／1750年將1523年原先是文藝復興式的建
築改為巴洛克式的「巴特赫茲大廈」（BARTHELS
HOF），目前是一間著名餐廳。
◇面值20分尼／建於1899～1905年的後文藝復興式與巴
洛克式混合建築——新市政廳大廈（NEUES RAT-
SHAUS）中的接見外賓大樓（AUSLÄNDERTREFF-
PUNKT）。

◇面值25分尼／建於1927～1928年萊比錫的第一座高樓大廈——鐘塔高
樓大廈（GLOCKENTURM-HOCHHAUS）。

◆ 1963年8月27日發行萊比錫秋季商展宣傳郵票，兩枚連刷，面值皆10分尼，兩枚圖案的襯底合拼成一個地球圖形，圖案的中間皆印「LEIPZIGER HERBSTMESSE」即「萊比錫秋季展」之意。左邊那枚是自動車（Auto）和柴油發電式的鐵路動力車輛（Triebwagen）。右邊那枚是依留辛十八（Ilyushin IL-18）型渦輪螺旋槳旅客機和公共汽車（Omnibus）。

台語稱汽車為「自動車」是源於日文以漢字「自動車」表達英文「automobile」之翻譯名詞，而「auto」則源於德文「Auto」（自動之意）。

德文「Triebwagen」是指機械動力車輛之意，圖中的車輛是前半部裝置柴油發電機，後半部裝置乘客座位。

◆ 1964年2月26日發行萊比錫春季商展宣傳郵票，共兩枚。每一枚郵票附一枚聯刷式無面值貼紙，圖案是紀念萊比錫商展800周年（1165-1965 800 JAHRE LEIPZIGER MESSE）的徽章，左邊是萊比錫商展徽章，右邊是萊比錫市徽。

◇面值10分尼／主題是第十八展覽館的電子科技展（HALLE 18 , ELEKTROTECHNIK印在圖案外面左下角）。

◇面值20分尼／主題是1700年左右的布勞尼希客茲宮展覽館（BRÄUNIGKES HOF UM 1700印在圖案外面左下角）。

◆ 1964年9月3日發行萊比錫秋季商展宣傳郵票，採聯刷方式，在兩枚中間印一枚無面值貼紙。貼紙的圖案是紀念萊比錫商展800周年的徽章，左邊是萊比錫商展徽章，右邊是萊比錫市徽。

◇面值10分尼／主題是中古世紀製造玻璃的工作坊，左下是中古世紀製造的玻璃杯。
◇面值15分尼／主題是在耶拿（Jena，東德南部的工業都市）的新式玻璃製造廠，左下是現代的化學用玻璃瓶。

◆ 1965年2月25日發行萊比錫春季商展宣傳郵票，共三枚，最下緣印「JUBILÄUMSMESSE 1165-1965」即「商展喜慶紀念1165～1965年」之意。

◇面值10分尼／主題是紀念金牌（GOLDMEDAILLE印在圖案外面的最底下）的正面，上環印「800 JAHRE」即「800年」之意，下環印「LEIPZIGER MESSE」即「萊比錫商展」之意，正中印兩個相疊的「M M」即「萊比錫商展標誌」。

◇面值15分尼／主題是紀念金牌的背面，上環印「FÜR HERVORRAGENDE」即「傑出」之意，下環印「QUALITÄT」即「品質」之意，正中印東德的國徽。此種紀念金牌是當年商展頒給傑出品質的展示商品。
◇面值25分尼／主題是德意志民主共和國的化學工廠（CHEMIEANLAGENBAU DER DDR 印在圖案外面的最底下）。

◆ 1965年8月25日發行一套萊比錫市建立八百周年紀念郵票，共四枚，圖案主題是萊比錫市著名的建築物，圖案最左側印「800 Jahre」即「八百年」之意，圖案最右側印「Stadt Leipzig」即「萊比錫市」之意。

◇面值10分尼／舊度量衡裁決所（Alte Waage，左邊）和加塔鄰街道的新建築物（Neubau Katharinenstrase）。

◇面值25分尼／萊比錫的舊市政廳（Leipziger Altes Rathaus）。

◇面值40分尼／歌劇院（Opernhaus）的入口處（在最左邊）和新建的中央郵政局（Hauptpostamt）。

◇面值70分尼／1964年開業的「萊比錫市」大旅館（Hotel Stadt Leipzig）。

◆ 1965年9月2日發行萊比錫秋季商展宣傳郵票，共三枚，最下緣印「JUBILÄUMSMESSE 1165-1965」即「商展喜慶紀念1165～1965年」之意。

◇面值10分尼／主題是照相機（Fotoapparate）。

◇面值15分尼／主題是電子琴和電吉他（Klavichord und Elektrogitarre）。

◇面值25分尼／主題是顯微鏡（Mikroskop）。

◆ 1966年2月24日發行萊比錫春季商展宣傳郵票，共兩枚。

◇面值10分尼／電子讀卡式計算器（ELEKTRONISCHER LOCHKARTENRECHNER印在圖案外面左下角）。

◇面值15分尼／主題是鑽孔與壓軋機（BOHR-UND FRÄSWERK，即俗稱之銑床，印在圖案外面左下角）。

◆ 1966年8月29日發行萊比錫秋季商展宣傳郵票，共兩枚。

◇面值10分尼／電視機畫面出現表示萊比錫商展標誌的兩個重疊的「M」。
◇面值15分尼／電動打字機左邊附打孔條帶機（Streifenlocher）。

◆ 1967年3月2日發行萊比錫春季商展宣傳郵票，共兩枚。

◇面值10分尼／主題是環狀針織機（RUNDSTRICK-MASCHINE MULTILOCK印在圖案左下）。
◇面值15分尼／主題是直徑兩公尺的宇宙望遠鏡（2-METER-UNIVERSALSPIEGELTELESKOP 印在圖案左上），圖案中上處描繪銀河系天文圖，右下處印位於耶拿名聞世界的卡爾·蔡司（CARL ZEISS）光學儀器公司標誌。

◆ 1967年8月30日發行萊比錫秋季商展宣傳郵票，共兩枚。

◇面值10分尼／主題是電力炊煮器具（Elektrische Küchengeräte）。

◇面值15分尼／主題是皮大衣（Pelzmantel），圖案右下是東德國營皮衣公司Interpelz的商標（一隻雪狐圖形）。

◆ 1968年2月29日發行萊比錫春季商展宣傳郵票，共兩枚。

◇面值10分尼／主題是多用途（調車場調配列車、檢查軌道等）的柴油發電式機關車（DIESE-LELEKTRISCHE LOKOMOTIVE Type DE I-DE III）。

◇面值15分尼／主題是「大西洋系列」捕撈冷凍漁船（FANG UND GEFRIERSCHIFF AUS DER ATLANTIKSERIE），東德製造的遠洋作業漁船，載重量3362噸，時速13海浬。

◆ 1968年8月30日發行一枚萊比錫秋季商展宣傳郵票，面值10分尼，主題是模型鐵道組（MODELLEISENBAHNEN）。圖案左邊是鐵道專用的遮燈式信號架，最上一列是蒸汽機關車牽引旅客列車經過鐵道拱橋，中間一列是柴油發電式旅客列車組，最下一列是電力式機關車牽引貨物列車。

　　以玩模型鐵道的人口數佔全國總人口數的比例而論，世界各國之中以德國最高。當年東德已經能製造物美價廉的模型鐵道組，此枚郵票（世界上第一枚模型鐵道專題郵票）發行一千兩百萬枚，而當時東德人口約一千六百多萬，幾乎是一人一枚，其最大目的就是要滿足全德國（包括西德）模型鐵道迷的需求。

◆ 1969年2月26日發行萊比錫春季商展宣傳郵票，共兩枚。

◇面值10分尼／收割脫殼併
　用機（Mähdrescher E
　512）。
◇面值15分尼／平板印刷機
　（Offsetdruckmaschine
　PLANETA-VARIANT）。

◆ 1969年8月27日發行一枚萊比錫秋季商展宣傳郵票，面值10分尼，
　主題是九種商品的圖形版。
　最上一排由左至右分別是刀叉及湯匙、樹皮紋板、玻璃杯，
　中間一排由左至右分別是電視機、茶壺及茶杯、裝飾板，
　最下一排由左至右分別是置物櫥、檯燈、樹林圖形地板。

◆ 1970年2月24日發行萊比錫春季商展宣傳郵票，共兩枚。
　◇面值10分尼／主題是ATZ 65型電話交換
　　總機（KOORDINATENSCHALTERZEN-
　　TRALE ATZ 65印在圖案最上緣）。
　◇面值15分尼／主題是高壓電檢測變壓器
　　（HOCHSPANNUNGS-PRÜFTRANS-
　　FORMATOR印在圖案左側）。

◆ 1970年8月25日發行一枚萊比錫秋季商展宣傳郵票，面值10分
　尼，圖案左下是可放在口袋的錶，右上是手錶。

◆ 1971年3月9日發行萊比錫春季商展宣傳郵票，共兩枚。

　◇面值10分尼／位於馬格德堡的「厄恩斯特·台爾曼」重機器製
　　造組合工廠生產的軋碎機與輸送帶組合裝置（Brech-und
　　Förderanlage印在圖案外面左下角，SKET Magdeburg印在圖
　　案外面右下角）。

　◇面值15分尼／位於萊比錫TAKRAF機械製造廠生產的SRs（K）
　　470型寒帶使用挖掘機（Kältebagger SRs（K）470印在圖案
　　外面左下角，TAKRAF Leipzig印在圖案外面右下角）。

SKET是 Schwermaschinenbau-Kombinat "Ernst
Thälmann"的簡稱。厄恩斯特·台爾曼（Ernst Thälmann，
1886-1944）是德國共黨主席。

◆ 1971年9月2日發行萊比錫秋季商展宣傳郵
　票，共兩枚。

　◇面值10分尼／主題是丁二烯（用於製造合成
　　橡膠的碳化氫氣體）工廠（MAG-Butadien-
　　Anlage印在圖案最下緣）。

　◇面值25分尼／主題是煉油廠
　　（Reformierungsanlagen SKL）。

◆ 1972年3月7日發行萊比錫春季商展宣傳郵票，共兩枚，右邊兩個重疊的「M M」即「萊比
　錫商展標誌」。

　◇面值10分尼／主題是蘇聯
　　展覽館（Ausstellungshalle
　　der UdSSR）。

　◇面值25分尼／主題是東德
　　（左邊）和蘇聯國旗。

◆1972年8月29日發行萊比錫秋季商展宣傳郵票，共兩枚。

◇面值10分尼／高亮度天窗式光源寫字投影機（TAGESLICHT-SCHREIBPROJEKTOR）POLY-LUX）。

◇面值25分尼／幻燈片投影機（PEN-TACON- AUDIOVISION）。

◆1973年3月6日發行萊比錫春季商展宣傳郵票，共兩枚。

◇面值10分尼／E280型收割脫殼併用機（Exaktfeldhäcksler E280 im Komplexeinsatz印在圖案上面）。

◇面值25分尼／DFS 400 NC型電腦控制的糧秣脫殼機與封裝處理機（Drehmaschine DFS 400 NC für Futter und Spitzenteile mit numerischer Steuerung印在圖案下面）。

◆1973年8月28日發行萊比錫秋季商展宣傳郵票，共兩枚。

◇面值10分尼／主題是休閒用品，圖案右上是露營用的帳篷、右下是網球拍，左邊是保齡球和球瓶。

◇面值25分尼／主題由左至右是帆船、吉他、電鑽。

◆ 1974年3月5日發行萊比錫春季商展宣傳郵票，共兩枚。

◇面值10分尼／高壓電檢測站設備（VEM-Hochspannungs-Prüfanlage印在圖案右側）。

◇面值25分尼／EC 2040型自動機械式電腦資料處理機（DATENVERAR-BEITUNGSANLAGE ROBOTRON EC 2040印在圖案最上緣）。此型在當時算是最先進的科技產品，如今以E世代的眼光來看，似乎不可思議，為何需要如此大的機器設備？

◆ 1974年8月27日發行萊比錫秋季商展宣傳郵票，共兩枚。

◇面值10分尼／EDK 2000型迴轉式鐵道用起重機（Eisenbahndrehkran EDK 2000印在圖案外邊右側）正吊起柴油發電式機關車。

◇面值25分尼／KS-6型甜菜收割機（Rübenrodelader KS-6印在圖案外邊右側）。

◆ 1975年3月4日發行萊比錫春季商展宣傳郵票，共兩枚。

◇面值10分尼／微縮影片照相機（Mikrofilm-aufnah-mekamera PENTAKTA A100印在圖案最下緣）。

◇面值25分尼／水泥製造工廠的乾燥處理設備（SKET-Zementwerk nach dem Trockenverfahren印在圖案最下緣）。

◆ 1975年8月28日發行萊比錫秋季商展宣傳郵票,共兩枚。

◇面值10分尼／醫療用麻醉機器（Universalnarkoseeinheit Medimorph印在圖案右上角）。

◇面值25分尼／MZ TS 250型摩托車。

◆ 1976年3月9日發行萊比錫春季商展宣傳郵票,共兩枚。

◇面值10分尼／位於冬園街道的公寓高樓（WOHNHOCHHAUS WINTERGARTENSTRASSE印在圖案右上）。

◇面值25分尼／在大西洋作業的超級拖網漁船（ATLANTIK-SUPER-TRAWLER印在圖案左上角）。

◆ 1976年9月1日發行萊比錫秋季商展宣傳郵票,共兩枚。

◇面值10分尼／德意志民主共和國的化學工廠（DDR-Chemieanlagenbau印在圖案外面左下角）石油蒸餾工廠（Erdöldestillationsanlage印在圖案外面右下角）。

◇面值25分尼／商展都市萊比錫（Messestadt Leipzig印在圖案外面右下角）的德意志圖書館（Deutsche Bücherei印在圖案外面左下角）,建於1914～1916年,建築物正面寬160公尺,1916年10月19日開幕。

◆1977年3月8日發行萊比錫春季商展宣傳郵票，共兩枚。

◇面值10分尼／在市集廣場的商展館（Messehaus am Markt印在圖案外面左下角），做為書展（Buchmesse印在圖案外面右下角）之用。

◇面值25分尼／位於那赫特斯德特國營的輕金屬工廠（VEB Leichtmetallwerk Nachterstedt印在圖案外邊右下角）的寬的鋁片捲鑄造機（Aluminiumbreitbandgießwalzen印在圖案外面左下角）。

◆1977年8月30日發行萊比錫秋季商展宣傳郵票，共兩枚。

◇面值10分尼／萊比錫的消費者百貨公司（Konsument-Warenhaus Leipzig）及在弗利德里希・恩格爾斯廣場的步行者路橋（Fußgänger-brücke am Friedrich-Engels-Platz）。

◇面值25分尼／高腳玻璃杯（Glasgefäse）和木刻花紋球（Holz- "Blumenkugel"）。

◆1978年3月7日發行萊比錫春季商展宣傳郵票，共兩枚。

◇面值10分尼／市集廣場的王者大廈（KÖNIGSHAUS AM MARKT）。

◇面值25分尼／宇宙測量儀器（UMK 10/1318 UNIVERSALMESSKAM-MER）。圖案中左印著卡爾・蔡司光學儀器公司標誌。

◆ 1978年8月29日發行萊比錫秋季商展
宣傳郵票，共兩枚。

◇面值10分尼／小型載貨車（IFA Multicar
25）。

◇面值25分尼／位於彼得街道的「三王」
展覽館（Messehaus "Drei Könige"
Petersstraße印在圖案最下緣）。

◆ 1979年3月6日發行萊比錫春季商展
宣傳郵票，共兩枚。

◇面值10分尼／馬克斯·克玲格大廈
（Max-Klinger-Haus印在圖案左下）。

◇面值25分尼／地平式鑽孔與金屬切削機
（Waagerecht Bohr-und Fräsmaschine
印在圖案右上）。

◆ 1979年8月28日發行萊比錫秋季商展宣傳郵票，共兩枚。

◇面值10分尼／主題是玩偶與絨毛玩具（Puppen-und Plüschspiel-
waren印在圖案下面），圖案為「泰迪熊」（Teddy Bear）。

◇面值25分尼／主題是大的繁華堡
（Großer Blumenberg印在圖案右
下）。

◆ 1980年3月4日發行萊比錫春季商展宣傳郵票，共兩枚。

◇面值10分尼／屬於卡爾‧馬克斯大學（Karl-Marx-Universität）的萊比錫城市高樓（City-Hochhaus Leipzig）。

◇面值25分尼／ZT303式耕耘牽引機（Traktor ZT303）。

　　卡爾‧馬克斯大學原名萊比錫大學，1953年被東德政府改名，東西德統一後恢復原名。萊比錫城市高樓於1968～1972年興建，高142.5公尺，是萊比錫最高的建築物，1999～2002年重新整修後出租給「景緻餐廳」和「中德傳播企業」。

◆ 1980年8月26日發行萊比錫秋季商展宣傳郵票，共兩枚。

◇面值10分尼／在薩克森廣場的萊比錫資訊館（Leipzig-Information）。

◇面值25分尼／織地毯機（Teppich-wirkmaschine）。

◆ 1981年3月10日發行萊比錫春季商展宣傳郵票，共兩枚，面值10分尼的圖案最下緣、面值25分尼的圖案左側印「Leipziger Frühjahrsmesse」即「萊比錫春季展」之意。

◇面值10分尼／主題是當年開幕的五星級「商業神大旅館」（Hotel Merkur），高105公尺，29層樓，446間客房分佈於26層樓，如今改名 The Westin Leipzig。由日本的鹿島Kajima會社設計建造。

◇面值25分尼／礦場使用的輸送帶機組裝置（TAKRAF Bandabsetzer für Tagebaubetriebe）。

◆ 1981年8月26日發行萊比錫秋季商展宣傳郵票，共兩枚。

◇面值10分尼／主題是化學工廠（Chemieanlagenbau）。

◇面值25分尼／主題是新布商會館音樂廳（Neues Gewandhaus），於1977～1981年興建，1981年10月8日啓用。

◆ 1982年3月6日發行萊比錫春季商展宣傳郵票，共兩枚。

◇面值10分尼／商展館的西出入口（WESTEINGANG MESSEGELÄNDE）。

◇面值25分尼／製造鋼管的機器設備（ROHRSTOSS-BANKANLAGE）。

◆ 1982年8月24日發行萊比錫秋季商展宣傳郵票，共兩枚。

◇面值10分尼／主題是商展館史坦茨勒宮廷（MESSEHAUS STENZLERS HOF）。

◇面值25分尼／主題是東海珠寶盒（OSTSEESCHMUCK）。因波羅的海位於德國東方，所以德國人稱之為東海。

◆ 1983年3月8日發行萊比錫春季商展宣傳郵票，共兩枚。

◇面值10分尼／主題是商展館彼得大廈（Messehaus Petershof）。

◇面值25分尼／主題是微電腦（robotran Mikrorechner），此型是個人電腦的先驅，圖案上方是影像顯示器，下方是鍵盤。

◆ 1983年8月30日發行萊比錫秋季商展宣傳郵票，共兩枚。

◇面值10分尼／中央商展華廈
（ZENTRAL · MESSEPALAST
印在圖案上緣）。
◇面值25分尼／微電子程式設計
圖形（PROGRAMMIERTE
EFFEKTIVITÄT 印在圖案上
緣，DRUCK MIKROELEK-
TRONIK印在圖案下緣）。

◆1984年3月6日發行萊比錫春季商展宣傳郵票，共兩枚。

◇面值10分尼／萊比錫的舊
市政廳（Altes Rathaus
印在圖案右下）。
◇面值25分尼／汽車車體金
屬 板 製 造 生 產 線
（ Fertigungslinie für
Karosserieblechteile印在
圖案下緣）。

◆1984年8月28日發行萊比錫秋季商展宣傳郵票，共兩枚。

◇面值10分尼／弗雷給大廈（Fregehaus印
在圖案下緣）。原為富商之豪宅，原屬文藝
復興式建築，1706～1077年建築物正面改
修為巴洛克式，目前成為萊比錫市的文獻
檔案館。
◇面值25分尼／歐伯恩豪（Olbernhau印在
圖案右側）生產的水晶盃（Dose
Bleikristall印在圖案左側）。

1985年恰值德國偉大的音樂家巴哈誕生（1685-1750）三百周年，而巴哈曾在萊比錫的聖托瑪斯教堂擔任聖樂隊隊長（1723～1750年），所以東德郵政當局配合巴哈誕生三百周年慶祝活動，在1985年發行的萊比錫商展宣傳郵票採用與巴哈相關的事物為圖案主題。

◆ 1985年3月5日發行萊比錫春季商展宣傳郵票，共兩枚。

◇面值10分尼／主題是偉大的音樂家巴哈紀念碑（BACH DENKMAL IN LEIPZIG印在圖案外面左下角），豎立在聖托瑪斯教堂（Die Thomaskirche）的前庭。

◇面值25分尼／1817年製造的附葡萄葉裝飾的買森瓷壺（WEINLAUBDEKOR 1817 MEISSEN印在圖案外面左下角）。

◆ 1985年8月27日發行萊比錫秋季商展宣傳郵票，共兩枚。

◇面值10分尼／聖托瑪斯教堂華屋，又名波澤之家（Thomaskirchhof, Bosehaus印在圖案右側）。

加郵站

　　聖托瑪斯教堂華屋屬十六世紀文藝復興式建築，因位於聖托瑪斯廣場的南側而得名。1710年經營金銀的富商Georg Heinrich Bose購得後將正面改修為巴洛克式並加以擴建，故又稱為波澤之家。巴哈與波澤家族曾為鄰居，雙方保持良好的友誼，波澤喜歡音樂，所以特地隔了一間音樂廳，經常邀請巴哈來此演奏，因而成為當時萊比錫的社交重要場所。

◇面值25分尼／謝爾哲（大師）牌的巴哈喇叭（Bachtrompete
J.Scherzer），曾在1981年萊比錫商展得到最高品質金牌獎，工廠位於
東德南部與捷克交界處的馬可新教堂鎮（Markneukirchen）。

◆ 1986年3月11日發行萊比錫春季商展宣傳郵票，共兩枚。

◇面值35分尼／萊比錫和平
商展（LEIPZIGER
FRIEDENSMESSEN
1946-1986）40周年紀念展
會場入口處。

◇面值50分尼／大西洋級488
型漁獲加工製造拖網漁船
（Fabriktrawler Atlantik 488
印在圖案右上）。

◆ 1986年8月19日發行的
1986年萊比錫秋季商展小
全張，外面環著兩種標
誌：商展的標誌（上下重
疊的M）以及源自希臘神話
之商業神像。內含兩枚郵
票：左邊面值25分尼的主
題是「鈴」商展館（Ring
Messehaus印在圖案下
面），右邊面值85分尼的主
題是布商交易的歷史情景
（Historische Marktszene
印在圖案下面）。

◆ 1987年3月10日發行萊比錫春季商展宣傳郵票，共兩枚。

◇ 面值35分尼／新建的20號商展館（Neubau Messehalle 20 印在圖案上緣）。

◇ 面值50分尼／大約1804年在市集廣場度量衡裁決所前交易的商人（Handler vor der Waage am Markt um 1804印在圖案下緣）。

◆ 1987年8月25日發行的1987年萊比錫秋季商展小全張，內含兩枚郵票：左邊面值40分，右邊面值50分尼，圖案主題是1804年書商叫賣的情景。

◆ 1988年3月8日發行萊比錫春季商展宣傳郵票，共兩枚，圖案下緣印「75 JAHRE MÄDLERPASSAGE」即「梅德勒拱廊通道商店大廈75周年」之意。

◇ 面值20分尼／梅德勒拱廊通道商店大廈的出入口。

◇ 面值70分尼／梅德勒拱廊通道商店大廈的出入口內的浮士德（右）與魔鬼梅菲斯特銅像（BRONZE GRUPPE Faust und Mephisto印在銅像左邊）。

從郵票中看中歐的景觀與建築

◆ 1988年8月30日發行的1988年萊比錫秋季商展小全張，內含三枚郵票：

　◇左邊面值5分尼／1810年士兵檢查展出的商品（Überprüfung von Messegut um 1810）。

　◇中間面值15分尼／位於萊比錫的「各民族戰役紀念碑」（Volkerschlachtdenkmal）。

　◇右邊面值100分尼／1820年商展交易的情形（Messetreiben um 1820）。

　　各民族戰役紀念碑是為1913年紀念萊比錫戰役一百周年而建立，在萊比錫東南方古戰場舊址，高度91公尺、底部寬126公尺、費時15年、造價六百萬金馬克。2003年起開始整修，預計在2013年紀念萊比錫戰役兩百周年時完工，所需經費約三千萬歐元。

　　而萊比錫戰役是指1813年10月16～19日，普魯士、奧地利帝國、俄國及瑞典四國聯軍在萊比錫與拿破崙指揮的法國、萊茵同盟諸侯國軍隊發生激戰，結果聯軍獲得壓倒性的勝利，但是代價頗高，死傷六萬多名，拿破崙方面則有三萬多名被俘、死傷四萬多名，結束了拿破崙對德國各邦的支配與控制，普魯士成為歐洲的新強國。

◆ 1989年3月7日發行萊比錫春季商展宣傳郵票，共兩枚。

◇ 面值70分尼／在那許市集的商業大廈80
周年紀念（80 Jahre Handelshof am
Naschmarkt印在圖案下緣）。

◇ 面值85分尼／1690年在那許市集的小餐
館 和 麵 包 店 （ Garküche und
Brotscharren am Naschmarkt 1690印在
圖案下緣）。

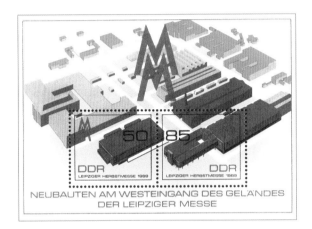

◆ 1989年8月22日發行的1989
年萊比錫秋季商展小全張，內
含兩枚郵票：左邊面值50分
尼、右邊面值85分尼，圖案
主題是位於西側出入口新建的
三 棟 萊 比 錫 商 展 會 館
（NEUBAUTEN AM WEST-
EINGANG DES GELÄNDES
DER LEIPZIGER MESSE印
在圖案下緣，以深藍色表示新
建築物）。

◆ 1990年3月6日發行萊比錫春季商展宣傳郵票，共兩枚。圖案上緣印「825 JAHRE」即
「825周年」之意，左上角印萊比錫市徽、「STADT LEIPZIG」即「萊比錫市」之意，右
上角印萊比錫商展標誌、「LEIPZIGER MESSE」
即「萊比錫商展」之意，圖案下面印中古世紀的萊
比錫城景觀圖。

◇ 面值70分尼／主題是1268年商展特許權的印記紋章
（Siegel des Messeprivilegs 1268印在紋章下面）。

◇ 面值85分尼／主題是1497年商展特許權的印記紋章
（Siegel des Messeprivilegs 1497印在紋章下面）。

第九章

東德著名都市

9
東德著名都市

(一) 德勒斯登——東德第三大都市

德勒斯登（Dresden）是薩克森邦（Sachsen）的首府，在東德是僅次於柏林、萊比錫的第三大都市，面積328.30平方公里。位於東德的東南部，易北河的上游，離捷克邊界僅30公里，距離北方的柏林約200公里、南方的捷克首都布拉格約150公里，離西北方薩克森邦另一個大都市萊比錫約100公里。

從歷史發展來看，古代斯拉夫人在易北河北岸的聚落稱為Drežd'any，其原意是沖積林地居民，1206年加入易北河南岸的日爾曼人聚集的城鎮而形成。南岸市區的中心地帶即現今所稱的舊城（Altstadt），北岸即現今所稱的新城（Neustadt），該城的創建者是買森（Meissen）的封疆伯爵狄特里希（Dietrich）。1485年起成為薩克森公爵的駐紮地，1547年則成為選帝侯的居住地。

1709～1733年選帝侯弗利德里希・奧古斯特一世（Friedrich August I）統治德勒斯登時，積極建設德勒斯登成為最重要的皇室居住地。1709年薩克森邦買森的煉金術士貝特格做出了和中國生產的同樣精緻瓷器，奧古斯特一世派人研究，終於發現製造瓷器的秘方，於是延攬藝匠到德勒斯登製造各種精美的瓷器，德勒斯登便成為歐洲第一個能大量生產瓷器的地方，當然也快速地累積財富。

奧古斯特一世是一位頗有抱負的君主，懂得運用財富，聘請當時歐洲著名的建築師和藝術家，將德勒斯登建造成在科技和文藝方面居於領先歐洲的都市。1806年薩克森王國成立，德勒斯登成為首都，直到1918年為止。

由於之前所累積的產業科技，使得德勒斯登在十九世紀中期發展成工

業都市，當時是製造鐵路蒸汽機關車、醫療器材和食品加工處理的重要產業中心，也是藝術品和古董的國際銷售中心。1852年德勒斯登的人口已達十萬，到了二十世紀初，新興的光學儀器工業（以照相機、顯微鏡和望遠鏡最著名）在本地蓬勃發展，吸引不少勞工來此就業，人口已達四十萬，五十年之間，人口迅速地增加了三十萬。

　　東西德統一後，西德的資訊企業就利用德勒斯登的科技人員和工廠設備來此地發展資訊器材硬體產業，並且紛紛成立研究機構，如今附近的河谷地區被稱為「德國的矽谷」（Silicon Valley of Germany）。近年來歐洲著名的空中巴士企業、德國的國民車（Volkswagen）也來此地設廠。

　　　　德勒斯登在二次大戰時受到炮火猛列轟炸，建築物毀損嚴重，東德政府的資源在當時受到蘇聯的控制，所以對德勒斯登的重建總是感到心有餘而力不足，尤其在名勝古蹟方面只能做重點修復。東西德統一後，德國聯邦政府於是編列預算進行大規模整建，目標是希望恢復戰前原貌，振興當地的觀光事業。經過十年的努力，總算展現績效，2004年聯合國教科文組織宣佈德勒斯登和沿易北河谷區段成為世界文化遺產。

加郵站

◆ 1930年代拍攝的德勒斯登中央鐵路車站，站前停著公共汽車，兩節路面電車正經過站前廣場。

◆ 東德在1985年2月12日發行一種小全張，紀念德勒斯登的尚陪歌劇院（SEMPEROPER，因建築設計師Gottfried Semper而稱之，1837年興建至1841年完工）重新啟用，內含一枚郵票面值85分尼，圖案是整修後的歌劇院。小全張的下半部是德勒斯登全市在1945年2月13日遭受盟軍大轟炸後受損的歌劇院，左下印德文「Dresden mahnt！」即「德勒斯登 要記住！」之意。

　　第二次世界大戰期間，德勒斯登位於全德國的中心位置，是當時內陸的交通中心。1945年初盟軍決定「提早結束戰爭，必須癱瘓德國的運輸樞紐」，於是下令英、美兩國轟炸機在2月13日對德勒斯登做夜間大空襲，共投下2600噸炸彈，全市百分之八十五的建築物全毀，死亡人數超過十三萬，因此當地民眾稱為「最恐怖之夜」，當然「要記住！」

◆ 1985年拍攝的尚陪歌劇院夜景。

◆ 東德在1956年6月1日發行一套德勒斯登建立750周年（1206-1956）紀念郵票，共三枚，圖案主題是德勒斯登著名的建築物，左上角是德勒斯登的市徽，右上角是建築物的復建徽章。

◇面值10分尼／主題是舊市集廣場（Altmarkt）旁在戰後復建的新建築物，建築物的中後方是1905～1910年興建的市政廳塔樓，最右是德勒斯登最古老的聖十字教堂（Kreuzkirche）的高塔。而圖案的左下是當時東德製造的轎車，右下是通行於市區街道的電車。

◇面值20分尼／最右是天主教的宮廷教堂（Hofkirche，1738～1751年興建，巴洛克式建築之經典傑作）的高塔，中間是德勒斯登常居宮殿（Dresdner Residenzschloss，薩克森邦統治者的宮殿）的高塔，右前方是跨越易北河的奧古斯特橋（Augustusbrücke）。

◇面值40分尼／工業學院的瞭望塔。

◆ 東德在1971年6月22日發行一套德勒斯登的「綠色的拱形圓頂」（Grünen Gewölbe Dresden印在圖案右下側）珍藏館的藝術品專題郵票，共六枚，該館珍藏品是歷代薩克森邦主所收藏的珠寶、玉器及金器。

◇面值5分尼／1590年的180粒櫻桃核寶石（Kirschkern mit 180 Köpfen）。
◇面值10分尼／1730年的鑲嵌紅寶石「金羊毛」（希臘神話中的寶物）垂飾（Goldenes Vlies）。
◇面值15分尼／1530年的紐倫堡大酒壺（Prunkkanne aus Nürnberg）。
◇面值20分尼／1720年的摩爾人騎馬拍鼓像（Mohr als Kesselpauker）。
◇面值25分尼／1562年的鑲嵌裝飾筆墨文具盒（Schreibzeugkästchen）。
◇面值30分尼／1570年的聖喬治屠龍垂飾（St.Georg-Anhänger）。

◆東德在1979年8月7日發行一套在德勒斯登舉行的德意志民主共和國國家郵展（Nationale Briefmarkenausstellung DDR 79）紀念郵票及小全張。

◇面值10＋5分尼／偷鵝男孩像噴泉（Gänsediebbrunnen印在圖案左下），位於舊市集廣場附近，在聖十字教堂與市政廳之間的白色巷道（Weiße Gasse）上，由德勒斯登雕刻家羅伯特·第耶茲（Dresdner Bildhauer Robert Diez，1844-1922）在1876～1880年間製作。

◇面值20分尼／位於布拉格大道（Prager Straße，從德勒斯登中央車站通到舊市集廣場）旁休閒區的蒲公英花束噴泉（Pusteblumenbrunnen印在圖案左下）。

◇小全張的主題是德勒斯登的建築物，小全張圖案的左方及下方是舊的建築物：左上是尚陪歌劇院，左中是翠英閣的舊大師畫廊（Gemäldegalerie Alte Meister），右下是高100公尺的市政廳塔樓（塔頂上立了一尊象徵守護神的Hercules大力士鍍金銅像高4.90公尺），右方是第二次世界大戰以後興建的新建築物。小全張內含一枚面值1馬克的郵票，中心圖案是德勒斯登最著名地標翠英閣宮殿（Zwinger Schlos）的皇冠門（Kronentor）。

◆東德在1990年10月2日發行一套在德勒斯登舉行的第41屆國際太空天文聯盟會議（XXXXI KONGRESS DER IFA DRESDEN 1990印在圖案左下）紀念郵票，共四枚。其中面值30分尼的圖案主題是德勒斯登最著名地標翠英閣宮殿的皇冠門（印在圓圈內的前右）以及尚陪歌劇院（印在圓圈內的後左）。此圖是蓋發行首日紀念郵戳的「皇冠門」原圖卡。

◆ 1938年拍攝的翠英閣宮殿全
景，圖中右有四座噴泉。

◆ 1981年拍攝的翠英閣宮殿的
皇冠門。

◆ 東德在1984年4月24日發行一套第七屆國際古蹟保存
協會總會紀念郵票，共四枚，其中一枚面值85分尼
的圖案主題是德勒斯登的宮廷馬舍（STALLHOF IN
DRESDEN），建於1586～1591年，如今改為中古世
紀式的聖誕節市集（Mittelalterlicher
Weihnachtsmarkt），現場展示古代如何製作麵包、
表演中古世紀的音樂。

◆ 1978年拍攝的聖十
字教堂。

◆ 德國在2001年發行一款在德勒斯登的天主教宮廷教堂250周年
（250 Jahre Katholische Hofkirche zu Dresden）紀念郵票，面
值110分尼（圖案右下），等值於0.56歐元（圖案左下）。

◆ 德國在2005年10月13日發行
一款在德勒斯登的聖母教堂重
建後獻堂啓用（Weihe der
Dresdner Frauenkirche）紀
念郵票，面值0.55歐元，圖案
左邊是整建後的聖母教堂，右
邊是被轟炸後的聖母教堂。

　　德勒斯登的聖母教堂建於1726～
1734年，當時是路德派的巴洛克式教
堂。教堂底部寬41.96公尺、長50.02公
尺、塔樓高91.23公尺，外表十分雄偉壯
觀，成為德勒斯登的著名地標。1945年
2月13日遭受盟軍大轟炸後嚴重受損，
幾乎變成廢墟。東西德統一後，在1993
年開始重建，外部重建在2004年完工，
內部工程在2005年完工，2005年10月
30日舉行重建後獻堂啓用禮拜，慶典儀
式則持續到10月31日舉行的宗教改革紀
念日（Reformationstag）禮拜。

（二）宗教改革家——馬丁・路德

宗教改革紀念日是紀念德國宗教改革家馬丁・路德（Martin Luther，1483-1546）在1517年10月31日對當時羅馬天主教教會販賣贖罪券提出質疑，將95條討論議題釘在維騰堡（Wittenberg）宮殿聖堂的大門上，後來演變成神學家對聖經提出不同的看法而創立不同的教派，此等行動對羅馬天主教教會而言是一種抗議，所以新成立的教派被稱為抗議派（Protestant），也就是現在通稱之基督新教。

馬丁・路德進行宗教改革後，當然引起羅馬天主教廷的強烈反對，控告他為異端，於是想盡辦法除掉他。或許出於上主的奇妙安排，馬丁・路德卻得到當地薩克森邦選帝侯弗利德里希三世的保護（因認同他的改革理念），透過弗利德里希三世的斡旋，使得他免赴羅馬受審（因離開選帝侯的庇護必死無疑），改在帝國會議上可以為自己辯護。

1521年4月17日馬丁・路德出現於沃姆斯帝國會議（Reichstag zu Worms），當著所有王公和帝國城市代表面前接受審問，最後一次被要求反悔。當判決尚未定案前，馬丁・路德已經離開，在返回維騰堡的途中，弗利德里希三世安排一隊蒙面騎士將他送到埃森那赫（Eisenach）附近的瓦特堡

「贖罪券」（亦稱為赦罪券）是天主教教會為了募捐來建造羅馬的聖彼得大教堂而發行，只要繳一定的錢買贖罪券的人，就可以替自己或已逝世的人贖罪（得到上帝的赦免）。教士對教友推銷時宣稱：「隨著錢落入盒子裏的聲音，你的靈魂就升天了。」馬丁・路德在維騰堡公佈他的討論議題前一年，就已經開始在佈道時反對天主教教會賣贖罪券的做法。

（Wartburg），防止別人傷害他。他在當地化名為「易爾格武士」，自1521年秋天開始翻譯新約聖經，直接將希伯來語和希臘文的原文譯成德文，在1522年9月完成後出版，此後他又翻譯了舊約聖經（1534年完成），兩者合為著名的路德聖經。

為了使一般人能讀懂聖經的內容，他不採用逐字逐句的翻譯方式，而是將聖經中的大意（融合他自己的理解）翻譯為德文。他想使用大眾的語言，因此他使用的是非常生動、大眾化和易懂的詞句，語言是融合了南德和北德方言的中德方言，也是他家鄉的語言。他所翻譯的德文版聖經對確立近代德文的規範引起決定性的作用，成為德國文學的經典名作。

◆ 東德在1967年10月17日發行一套宗教改革450周年（450 JAHRE REFORMATION印在圖案最下緣）紀念郵票，共三枚。

◇面值20分尼／德國著名藝術家克拉那赫（Lucas Cranach，1472-1553）作的馬丁‧路德銅雕像。

◇面值25分尼／在維騰堡的馬丁‧路德之家（Lutherhaus in Wittenberg）。維騰堡位於薩克森－安哈爾特邦的東南部。馬丁‧路德自1508年起曾擔任維騰堡大學（1502年創立）神學院的教授。

◇面值40分尼／在維騰堡的宮殿聖堂（Schloskirche in Wittenberg），選自克拉那赫的銅雕。

◆ 東德在1982年11月9日發行一套宗教改革家馬丁‧路德誕生500周年紀念郵票，共四枚，圖案下方印「Martin Luther EHRUNG 1983」即「馬丁‧路德榮耀1983年」之意。

◇面值10分尼／大約是1500年的「愛斯雷本」城市紋章印記（Stadtsiegel von Eisleben um 1500）。馬丁‧路德1483年11月10日於此誕生，1546年2月18日於此蒙主恩召。該城為紀念馬丁‧路德，所以正式的城市名稱為「Lutherstadt Eisleben」，即「路德城市‧愛斯雷本」之意。

◇面值20分尼／1521年馬丁‧路德化名為「易爾格武士」的肖像。他在避難時為了不易被認出，於是留了絡腮鬍。

◇面值35分尼／大約是1500年的「維騰堡」城市紋章印記（Stadtsiegel von Wittenberg um 1500）。

◇面值85分尼／1528年由德國著名藝術家克拉那赫畫的馬丁‧路德肖像。

◆ 西德在1971年3月18日發行一款沃姆斯帝國會議450周年紀念郵票，面值30分尼，圖案主題是1521年沃姆斯帝國會議（WORMS 1521印在圖案左側），左前是替自己辯護的馬丁‧路德，坐在台階上的是神聖羅馬帝國皇帝卡爾五世，圖案右側印「LUTHER VOR KARL V」即「路德在卡爾五世之前」之意。

瓦特堡

　　瓦特堡目前屬於埃森那赫市管轄，位於441公尺高的山嶺上。初代堡主史普林格（Ludwig der Springer）在1067年建城堡命名時講了一句話：「Warte, Berg--du sollst mir eine Burg werden!」即「等一下，山嶺——你將成爲我的城堡！」之意，「Warte, Berg」連成「WARTBURG」。東德政府爲了發展觀光事業，從1952～1966年進行整修復建，堡中最吸引觀光客的就是馬丁·路德的居室（Lutherstube），1999年12月被聯合國教科文組織列爲世界文化遺產。

◆東德在1966年11月23日發行一套瓦特堡900周年（900 JAHRE WARTBURG 1067-1967）紀念郵票，共三枚，圖案主題是瓦特堡具有歷史性的建築物。

◇面值10＋5分尼／從東方看瓦特堡。
◇面值20分尼／瓦特堡的哥德式樓房，馬丁·路德的居室就在樓房內。
◇面值25分尼／瓦特堡的爵主宮樓（Landgrafenhaus）。

◆1971年拍攝的瓦特堡。

◆ 西德在1983年10月13
日發行一款馬丁‧路
德誕生500周年紀念郵
票，面值80分尼，圖
案主題是馬丁‧路德
在講道。

（三）啓姆尼茨——薩克森邦的第三大都市

　　啓姆尼茨（Chemnitz）因位於啓姆尼茨河畔而得名，源於所部語的
Kamjenica，亦即德語的Steinbach，有石頭的溪流。在薩克森邦中部，面積
220.85平方公里。中古世紀已成爲著名的紡織業城市，三分之一以上的人口

從事生產紡織品，1883年居民已超過十萬人，成為德國中部的工業中心，1930年人口數三十六萬人達到最高峰。

　　由於第二次世界大戰期間大都生產軍需用品，因此遭受盟國軍機猛烈轟炸，啓姆尼茨市幾乎全毀，所以東德政府決定重建該市成為一座社會主義模範都市，市區興建許多大型混凝土建築。1953年5月10日東德共黨中央委員會決議紀念馬克思（社會主義創立者）誕生135周年，將都市名稱改為卡爾‧馬克思市（Karl-Marx-Stadt），直到1990年6月1日才改回「啓姆尼茨」舊市名。1971年在市中心立了一尊巨大的馬克思人頭銅像，高7.1公尺，底座是烏克蘭的花崗岩，由俄國雕刻家劉克伯（Lew Kerbel）設計製作，當時是卡爾‧馬克思市名副其實的著名地標，號稱世界上最大尊的人頭雕像。

◆1983年拍攝的卡爾‧馬克思市景觀圖片。
　左上是新建的市政大廈（Stadthalle）、會議大旅館（Interhotel "Kongres"，亦即該市最高建築物「商業神大旅館」），中上是卡爾‧馬克思大道（Karl-Marx-Allee），右上是馬克思人頭銅像，左下是從玫瑰庭（Rosenhof）看新舊市政廳，中下是在市中心廣場（當年稱為卡爾‧馬克思廣場）的紅塔，右下是在卡爾‧馬克思廣場的赫克藝廊（Heck-Art-Haus）。

◆ 東德在1973年1月23日發行兩枚屬於紀念性建築系列專題的郵票，其中一枚面值35分尼，圖案主題是卡爾‧馬克思市，中前方是巨大的馬克思人頭銅像，背景是第二次世界大戰後興建的大型建築物。

◆ 東德在1965年6月16日發行一套卡爾‧馬克思市建城800周年（「800-JAHR-FEIER」「KARL-MARX-STADT」分別印在圖案最下緣及右側）紀念郵票，共三枚。

◇面值10分尼／熔礦爐機器，象徵該市是個工業都市。

◇面值20分尼／紅塔（ROTER TURM），建於十二世紀，最初做為瞭望塔，後來還兼當法庭及牢房之用。

◇面值25分尼／舊市政廳（ALTES RATHAUS），1496～1498年興建，門面屬於文藝復興式建築。

◆ 東德在1982年8月24日發行一種兩枚聯刷郵票，紀念在卡爾‧馬克思市舉行的第13屆社會主義國家郵政與電訊部合作組織的部長會議（OSS MINISTERKONFERENZ 印在圖案左側，OSS係德文Organisation für die Zusammenarbeit der sozialistischen Länder auf dem Gebiet des Post und Fernmeldewesens之簡稱）。

左聯一枚面值10分尼，主題是會議地點卡爾‧馬克思市的地標建築物：中前方是巨大的馬克思人頭銅像，銅像的後方是紅塔，右上是該市最高建築物「商業神大旅館」（Mercure Hotel，高93公尺，1974年落成）。右聯是一枚無面值貼紙，圖案主題由上而下是蘇聯製的伊留辛IL-62型噴射客機、電力機關車牽引的列車、電視機、電波通訊站和電話。

◆ 東德在1988年6月21日發行一套第十屆青年郵展（10.Briefmarkenausstellung der Jugend 印在圖案最上緣）紀念郵票，因為同時在厄富特（Erfurt）和卡爾‧馬克思市舉行，所以印兩種聯刷郵票，兩枚郵票之間以一枚無面值的貼紙相聯，貼紙的圖案主題分別是各城市的市徽。其中附捐5分尼是贊助東德的集郵家聯盟。

◇面值10＋5分尼／1520年的厄富特景觀圖。面值25分尼／1988年的厄富特景觀圖。
◇面值20＋5分尼／1620年的啓姆尼茨景觀圖。面值50分尼／1988年的卡爾‧馬克思市景觀圖，中前方是巨大的馬克思人頭銅像，銅像的左邊是紅塔，紅塔的左邊是新市政廳（1907～1911年興建），新市政廳的左邊是舊市政廳。

◆ 東德在1988年7月19日發行一套第八屆青少年先鋒團集會（PIONIERTREFFEN）紀念郵票，採用三枚聯刷方式：

◇左邊面值10分尼／圖案主題是會議地點卡爾‧馬克思市的地標建築物，由左至右依序是商業神大旅館、紅塔、馬克思人頭銅像、新市政廳。
◇中間無面值貼紙／圖案主題是青少年先鋒團徽章。
◇右邊面值10＋5分尼（售價15分尼，其中10分尼為郵資、附捐5分尼贊助青少年先鋒團集會）／圖案由左至右依序是施放和平鴿與氣球的少女團員、吹號的少女團員、打鼓的少年團員。

（四）厄富特——圖林根邦的首府

　　厄富特（Erfurt）在德國中部圖林根邦（Thüringen）的中央位置，是其首府及第一大都市。相對於東德其他都市，厄富特在第二次世界大戰期間受到輕微的轟炸破壞，所以至今市區保存許多中古世紀的建築。

◆ 東德在1961年5月25日發行一套第四屆青少年先鋒團在厄富特集會（IV. PIONIERTREF-
　FEN IN ERFURT印在圖案左側及左上）紀念郵票，共三枚，每一枚的附捐金額贊助青少
　年先鋒團集會，圖案主題是青少年先鋒團的活動項目。

　◇面值10＋5分尼／打排球。
　◇面值20＋10分尼／跳民俗舞蹈。
　◇面值25＋10分尼／製作模型滑翔機。

◆ 德意志聯邦郵政（Deutsche Bundespost）在1992年5月7日
　發行一枚厄富特建城1250周年（1250 Jahre Erfurt）紀念郵
　票，面值60分尼，圖案主題是厄富特的最著名地標——後哥
　德式的馬利恩天主教大教堂（Mariendom，左）和哥德式的
　世芙莉教堂（Severikirche，右）。

（五）給拉——圖林根邦的第二大都市

給拉（Gera）位於德國中部圖林根邦東部，在耶拿東方35公里處，是該邦第二大都市，面積151.93平方公里。

◆ 東德在1976年8月5日發行一套在給拉舉行的「第四屆德意志民主共和國青少年集郵者郵展」（4.Briefmarkenausstellung der junger Philatelisten der DDR Gera 1976印在圖案的左、上及右側）紀念郵票，採三枚連刷方式。

◇面值10＋5分尼／1652年的給拉景觀圖。
◇無面值／給拉市的市徽。
◇面值20分尼／1976年的給拉市新舊建築物。最前方的高樓建築是市政廳，後面的尖塔是市立博物館（Stadtmuseum）。

（六）耶拿——圖林根邦的第三大都市

耶拿（Jena）位於德國中部圖林根邦的東部，在圖林根邦首府厄富特的東方40公里處。耶拿以精密光學工業聞名，有卡爾‧蔡司公司（Carl Zeiss Jena GmbH）和秀特玻璃公司（SCHOTT JENAer GLAS GmbH）。

卡爾‧蔡司公司的創辦人卡爾‧弗利德里希‧蔡司（Carl Friedrich Zeiss，1816-1888）最初在1846年開設製造顯微鏡工廠，提供精密優良的顯微鏡供耶拿大學的研究室使用，再由研究人員研究提高性能技術，1884年秀

特玻璃工廠提供高品質玻璃製造光學儀器的透鏡、鏡頭等，兩者密切合作，終於製造出世界最高品質的光學儀器。

由於精密儀器產業的發展，對於醫學、生物學的研究頗有貢獻，使得耶拿大學在十九世紀末期至二十世紀初期成為德國自然科學最著名的研究發展中心。卡爾·蔡司公司生產的軍用雙眼望遠鏡在當時成為各國戰場指揮官的最愛，德國海軍在兩次世界大戰中使用的潛望鏡、測距儀以及第二次世界大戰中德國戰車裝備的潛望鏡都由卡爾·蔡司工廠供應。第二次世界大戰前卡爾·蔡司工廠是世界最大的照相機製造工廠。

◆ 東德在1958年8月19日發行一套在耶拿的「弗利德里希·席勒大學四百周年」（400 JAHRE FRIEDRICH SHILLER UIVERSITÄT 1558-1958）紀念郵票，共兩枚。

◇面值5分尼／圖案主題是創校時使用的紋章印記。

◇面值20分尼／圖案主題是大學的主建築物。

卡爾·蔡司工廠

◆ 東德在1956年11月9日發行一套在耶拿的卡爾·蔡司工廠創立110周年紀念郵票，共三枚，圖案中印鏡片型的卡爾·蔡司工廠標誌。當第二次世界大戰結束前，美軍怕該廠的優秀技術人員和機器設備落入蘇聯軍隊的掌控，於是搶先一步將原廠的人員和設備移到西德巴登－符騰堡邦的Oberkochen及Braunschweig。東德政權成立後就將殘留的廠房改為人民經營管理的工廠（VEB），其實就是被沒收變為國營。

◇面值10分尼／恩斯特·阿貝（Ernst Abbe，1840-1905）肖像，著名物理學家、天文學家，卡爾·蔡司光學研究機構的創辦人。

◇面值20分尼／在耶拿的卡爾·蔡司工廠。

◇面值25分尼／卡爾·蔡司肖像。

◆ 東德在1971年11月9日發行一套在耶拿的卡爾‧蔡司工廠創立125周年紀念郵票，採三枚連刷方式。

◇面值10分尼／測地線的測量儀。
◇面值25分尼／天文台觀測天文星相的大型望遠鏡。
◇面值20分尼／顯微鏡。

◆ 東德在1989年5月16日發行一套在耶拿的卡爾‧蔡司研究機構（100 Jahre Carl Zeiss Stiftung Jena）創立100周年紀念郵票，採三枚連刷方式，中間一枚是無面值的貼紙。

◇面值50分尼／顯微鏡。
◇無面值／恩斯特‧阿貝肖像。
◇面值85分尼／測量儀器。

加郵站

　　1888年，卡爾‧蔡司逝世，恩斯特‧阿貝繼任蔡司公司的董事長。除了在光學的貢獻，恩斯特‧阿貝有感當時工人所受的刻薄待遇，於是在蔡司公司推行每天工作8小時、有薪假期、有薪病假、退休金等制度，成為現代僱員保障制度的創先實行者。

（七）威瑪──德國藝文重鎮

威瑪（Weimar）位於德國中部圖林根邦的中部，在萊比錫的西南方約75公里處，曾經是薩克森─威瑪邦的首都。由於歷代邦主注重文藝，所以吸引許多德國著名的文學家（歌德、赫德、席勒、衛蘭等人）、藝術家（克拉那赫）、音樂家（巴哈、白遼士、李斯特、理查‧史特勞斯、華格納）來此大顯身手，上述偉人故居至今都改為博物館保存珍貴的文獻和史料，在威瑪宮殿博物館和市立博物館珍藏許多藝術品，因此在1999年被聯合國教科文組織選為歐洲文化首都（英文cultural capital of Europe，德文Kulturstadt Europas）。

在德國的近代史上，威瑪佔有一席重要地位，就是當第一次世界大戰結束後，德意志帝國崩潰（皇帝威廉二世遜位，逃到荷蘭），制定憲法的代表決定離開情勢混亂的首都柏林，在威瑪的國民劇院集會制定國家憲法，歷史上稱之為威瑪憲法（Weimarer Reichsverfassung），1919～1933年間德意志共和國遵行威瑪憲法，所以稱之為威瑪共和國（Weimarer Republik）。

◆ 東德在1975年9月23日發行一套威瑪建城1000周年（1000 JAHRE WEIMAR）紀念郵票，共三枚。

◇面值10分尼／版畫家梅里安（Matthäus Merian）製作的1650年威瑪城景觀圖。

◇面值20分尼／位於威瑪附近的「登錄森林」集中營1945年4月11日被解放紀念碑（11.April 1945‧Selbstbefreiungder KZ Buchenwald印在圖案右側）。

◇面值35分尼／發行當時威瑪市的新舊建築物，圖案中前方是薩克森─威瑪公爵宮殿。

◆ 東德在1959年11月10日發行一套德國著名的
文學家「弗利德里希・席勒」（Friedrich
Schiller）誕生兩百周年紀念郵票，共兩枚。
◇面值10分尼／席勒在威瑪的住家（WOHN-
HAUS IN WEIMAR）。
◇面值20分尼／席勒側面像。

◆ 東德在1967年11月27日發行一套
偉人的故居專題郵票，共兩枚。
◇面值20分尼／在威瑪的歌德故居
（GOETHEHAUS IN WEIMAR）。
◇面值25分尼／在威瑪的席勒故居
（SCHILLERHAUS IN WEIMAR）。

◆ 東德在1973年6月26日發行一套威瑪的紀念性建築物專題郵票，共六枚，以曾經在威瑪住
過的偉人肖像及他們在威瑪的故居為圖案主題。

◇面值10分尼／上面是著名的文學家約翰・沃夫岡・歌德（Johann Wolfgang Goethe，1749-
1832）的肖像，下面是在威瑪的歌德故居（GOETHEHAUS IN WEIMAR）。歌德在1775年受
薩克森一威瑪公爵（Duke of Sachsen-Weimar）之禮聘（後來擔任首席顧問）移居威瑪市，
除了1786~1788年前往義大利旅行，直到去世大部分的時間住在威瑪市。

◇面值15分尼／上面是著名的文學家及詩人克里斯多夫・馬汀・衛蘭（Christoph Martin
Wieland，1733-1813）的肖像，下面是在歐斯曼村的衛蘭故居（WIELANDHAUS OSSMAN-
NSTEDT）。衛蘭1772～1798年首度住在威瑪市，1798～1803年遷居歐斯曼村，1803～1813
年直到去世再度搬回威瑪市。

◇面值20分尼／上面是著名的文學家弗利德里希・席勒（Friedrich Schiller，1759-1805）的肖
像，下面是在威瑪的席勒故居（SCHILLERHAUS IN WEIMAR）。席勒1799～1805年直到去
世定居於威瑪市。

◇面值25分尼／上面是文學評論家及哲學家赫德（Johann Gottfried Herder，1744-1803）的肖像，下面是在威瑪的赫德故居（HERDERHAUS IN WEIMAR）。赫德1776～1803年定居於威瑪市。

◇面值35分尼／上面是著名的畫家老路加·克拉那赫（Lucas Cranach，1472-1553）的肖像，下面是在威瑪的克拉那赫故居（CRANACHHAUS IN WEIMAR）。克拉那赫的晚年直到去世定居於威瑪市。

◇面值50分尼／圖案上面是著名的作曲家及鋼琴演奏家法蘭茲·李斯特（Franz Liszt，1811-1886）的肖像，下面是在威瑪的李斯特故居（LISZTHAUS IN WEIMAR，目前改為李斯特博物館）。1848年李斯特到威瑪擔任宮廷樂長，展開了威瑪時代，直到1859年辭去威瑪宮廷樂長職務。

（八）馬格德堡──薩克森─安哈爾特邦的首府

馬格德堡（Magdeburg）位於德國中部，易北河畔，在中世紀是歐洲最重要城市之一。神聖羅馬帝國第一位皇帝──偉大的奧圖一世（Otto I，912-973）在位的大部分時間住在馬格德堡，死後即葬在馬格德堡的天主教大教堂（Magdeburger Dom）。

在公元805年「Magadoburg」最初出現於文件上，十三世紀成為漢札同盟的成員都市。1524年宗教改革家路德·馬丁前往馬格德堡宣揚新教，得到當地居民的認同，馬格德堡成為基督教新教的忠實保護城市，以及出版路德·馬丁著作的第一座主要城市。

葛里克（Otto von Guericke，1602-1686）擔任馬格德堡市長時（任職期間1646～1681）作了一個名垂青史的著名實驗，1654年神聖羅馬帝國的皇帝斐迪南三世和一些近臣在雷根斯堡的帝國議事堂前觀看：葛里克在地上擺了兩個半圓形的銅球，球是空心的，顏色是紅棕色，直徑35.5公分，兩個半球中間有一層浸滿了油的皮革。葛里克用自己發明的真空抽氣機，把兩個半球中的空氣抽光，再將馬分為兩邊，每邊有十五匹，每匹馬都有鏈子相連，

鏈子的最後一端接在半球上。在一聲吆喝之下，像拔河似地左右邊各十五匹馬使勁地拉，卻拉不開這二個半球，這就是歷史上非常著名的馬格德堡半球（Magdeburger Halbkugeln）實驗。

　　1656年在葛里克的故鄉馬格德堡又做一次實驗，這一次採用左右邊各八匹（共十六匹）馬來拉。爲什麼用十六、甚至三十匹馬的拉力，竟然拉不開這兩個半球？半球拉不開的原因是外面的空氣壓力把半球壓緊了，空氣壓力大到連三十匹馬都拉不開的地步。

◆ 東德在1969年10月28日發行一套在馬格德堡舉行的「德意志民主共和國成立二十周年」全國郵展紀念郵票（NATIONALE BRIEFMARKENAUSSTELLUNG MAGDEBURG印在圖案的右上），共兩枚。

◇面值20分尼／左邊是馬格德堡的天主教大教堂（塔高104公尺，東德最高的教堂），中間是葛里克紀念碑，右邊是國際大旅館（Hotel International）。

◇面值40＋10分尼／著名的馬格德堡半球實驗情景。

◆ 東德在1977年2月8日發行一套名人專題郵票，共四枚，其中面值20分尼的圖案主題是葛里克肖像畫，左邊是分開和緊閉的馬格德堡半球。

◆ 東德在1984年10月4日發行一套在馬格德堡舉行的第八屆青年郵展（8.BRIEFMARKE-NAUSSTELLUNG DER JUGEND MAGDEBURG印在圖案最上緣）紀念郵票，採聯刷方式，兩枚郵票之間以一枚無面值的貼紙相聯，貼紙的圖案主題是馬格德堡市的市徽。

◇面值10＋5分尼（附加的5分尼贊助郵展）／1551年馬格德堡城的景觀圖，前方是易北河，左邊兩座相聯的高塔就是該城最著名地標天主教大教堂。

◇面值20分尼／1984年馬格德堡市的景觀圖，中前方是建於1240年的「馬格德堡騎士像」（Magdeburger Reiter，騎士是神聖羅馬帝國皇帝奧圖一世），豎立於市政廳（印在郵票圖案之中下方）之前，左上兩座相聯的高塔就是該城最著名的天主教大教堂，右上兩座相聯的尖塔是建於1015～1018年的聖母修道院（Kloster Unser Lieben Frauen，德文原意為「我們敬愛的女士」修道院），1974年10月1日被東德政府改為雕像藝術博物館（Museum für Bildende Kunst）。

◆ 東德在1986年6月17日發行一套在馬格德堡行政區舉行的「第21屆德意志民主共和國勞工節」（21. ARBEITERFESTSPIELE DER DDR 1986 IM BEZIRK MAGDEBURG印在圖案上緣）紀念郵票，採聯刷方式，兩枚郵票之間以一枚無面值的貼紙相聯，貼紙的圖案主題是勞工節標誌。

◇面值20分尼／一對穿著民俗舞蹈服裝的青年正在跳舞，左邊是牽引機和挖掘機，右邊是當地房舍。

◇面值50分尼／停泊於易北河港的載貨船，中後方是馬格德堡的天主教大教堂。

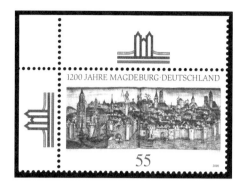

◆ 德國在2005年9月8日發行一種馬格德堡建城1200周年（1200 JAHRE MAGDE-BURG印在圖案上緣）紀念郵票，面值0.55歐元，圖案主題選用1493年的木版畫——馬格德堡景觀圖，左下方畫了一艘當時航行於易北河的帆船。在郵票的邊紙印馬格德堡建城1200周年的標誌，最底下的藍線表示易北河，紅線勾出三座高塔表示馬格德堡的地標天主教大教堂，左右兩旁的綠線表示綠地丘陵。

（九）在札雷河畔的哈雷市

哈雷市（Halle an der Saale）位於德國中部，在萊比錫的西北方30公里處，市區在札雷河右岸，是薩克森—安哈爾特邦最大的都市。公元前一千年當地已盛產岩鹽，公元961年建市，因製鹽業而發展成化學工業和食品加工業中心。（Halle是克爾特語〔兩千多年前曾經流傳於歐洲〕的「鹽」，Saale是古德語含「鹽」意義的字，Salz則是現代德語的「鹽」。）

1685年德國著名的作曲家韓德爾（Georg Friedrich Händel，1685-1759）出生於本地。1694年創辦的馬丁·路德大學是當時新教徒的主要學府之一。

◆ 東德在1959年4月27日發行一套韓德爾逝世200周年紀念郵票，共兩枚。

◇面值10分尼／位於哈雷市中心市場廣場的紀念銅像，建於1859年。圖案右邊是韓德爾遺留的雙簧管，右下是哈雷市的徽章。

◇面值20分尼／韓德爾坐姿畫像，原畫是英國畫家Thomas Hudson在1749年的油畫。

◆ 東德在1961年6月22日發行一套哈雷建市一千周年紀念郵票，共兩枚。

◇面值10分尼／主題是哈雷出產岩鹽的Giebichenstein礦山，左邊是三名扛岩鹽的礦工。

◇面值20分尼／左邊是一位化學家正在做實驗，背景是哈雷市的地標五座塔（fünf Türmen，包括圖案中間的大教堂尖塔，韓德爾在十七歲已獲准彈奏哈雷大教堂的管風琴）。

◆ 東德在1970年3月10日發行一套在哈雷的邦立博物館（LANDESMUSEUM HALLE印在圖案右下）珍藏的古物專題郵票，共四枚，圖案主題是考古學家發現的寶物。

◇面值10分尼／公元700年的騎士石雕像墓碑（REITER-STEIN），發現地點：號角所（Hornhausen，薩克森－安哈爾特邦中部的小鄉）。

◇面值20分尼／公元500年的扣帶頭盔（SPANGEN-HELM），發現地點：史提森（Stösen，薩克森－安哈爾特邦南部的小鎮）。

◇面值25分尼／公元前1000年的青銅盆（BRONZEBECK-EN），發現地點：夏得雷本（Schadeleben，薩克森－安哈爾特邦中部的小村）。

◇面值40分尼／公元前2500年的陶坰盃（TONTROM-MEL），發現地點：羅伊那－雷森（Leuna-Rössen，羅伊那是薩克森－安哈爾特邦南部的市鎮，雷森是羅伊那鎮的一區。

◆ 東德在1984年7月3日發行一套在哈雷市舉行的全國郵展（Nationale Briefmarken Ausstellung印在圖案的左側）紀念郵票，共兩枚。

◇ 面值10＋5分尼（附加的5分尼贊助郵展）／扛岩鹽的礦工。

◇ 面值20分尼／哈雷市民和他的新娘穿著傳統結婚禮服。

◆ 東德在1990年6月5日發行一套在哈雷市舉行的第11屆青年郵展（11.BRIEFMARKE-NAUSSTELLUNG DER JUGEND, HALLE 1990）紀念郵票，採聯刷方式，兩枚郵票之間以一枚無面值的貼紙相聯，貼紙圖案是哈雷市的市徽。

◇ 面值10＋5分尼（附加的5分尼贊助郵展）／十八世紀的哈雷市景觀（圖中河流就是札雷河）。

◇ 面值20分尼／1990年的哈雷市景觀（圖中紀念碑就是韓德爾銅像）。

（十）東德最大海港——羅斯托克

　　羅斯托克（Rostock）位於東德北部濱波羅的海，是梅克倫堡─前波梅稜邦的最大都市。Rostock地名源於十一世紀在Warnow河注入波羅的海處居住的斯拉夫人稱爲Roztoc，原文係「河流變寬」之意。十三世紀加入漢札同盟，十四世紀成爲同盟中最活躍的港市之一，當時不少航行於波羅的海的船舶在羅斯托克建造，1419年設立了全北歐的第一所大學——羅斯托克大學。

第二次世界大戰前，德國著名的水上飛機「阿拉多」（Arado）、轟炸機「海恩克爾」（Heinkel）製造廠在此設立，該市附近空曠的海灘成為飛機試飛的好地方，世界第一架噴射機就在附近的瑪蓮荷（Marienehe）試飛成功，所以在大戰期間，本地的飛機製造廠成為盟軍轟炸的目標，羅斯托克因而遭受嚴重破壞。

　　東德政權成立後，在羅斯托克積極重建，被規劃為東德最重要的對外聯繫門戶海港，並且發展為工業中心，統一前的人口數在1989年達到最高峰將近二十六萬人。統一後，羅斯托克失去特殊的經濟及交通地位，貨物進出口移到鄰近的呂貝克或漢堡海港，失業人口增加，居民只得前往德國西部繁榮的都會區謀職，因此人口數從1990年的二十五萬多人降到2005年的不到二十萬人。

◆ 東德在1958年發行一套建設羅斯托克海港宣傳郵票，其中一枚面值20分尼在7月5日發行，另外兩枚在11月24日發行，圖案最下緣印「SEEHAFEN ROSTOCK」即「海港‧羅斯托克」之意，左下印「OSTSEE-MEER DES FRIEDENS」即「東海─和平之海」之意，因為波羅的海位於德國東部，所以德國人稱她為東海。

◇面值20分尼：襯底是羅斯托克的七座塔樓（sieben Türme，即市政廳，因樓頂上有七座小塔而得名）和航海船舶。

◇面值１０分尼／友誼號（Freundschaft）載貨船停泊於碼頭邊裝載貨物。

◇面值25分尼／和平號（Frieden）載貨船和其他船舶停泊於海港內。

◆ 東德在1962年7月2日發行一套第五屆東海週（5.OSTSEEWOCHE）紀念郵票，共三枚，
每一枚圖案上印第五屆東海週標誌及日期1962年7月7日至15日。

◇面值10分尼／東海地圖，左上印「MEER DES FRIEDENS」即「和平之海」之意。
◇面值20分尼／位於羅斯托克「足夠街道」的高樓大廈（Hochhaus in der Langen Strasse）。
◇面值25分尼／一萬噸級的和平號載貨船停泊於羅斯托克海港內。

◆ 東德在1968年7月4日發行一套羅斯托克建立750周年紀念郵票，共兩枚，圖案右下皆印
「Stadt der Ostseewochen」即「東海週都市」之意。

◇面值20分尼／圖案中上印羅斯托克市徽，主題是漢札同
盟時代的港都景觀，左前是當時的商船。

◇面值25分尼／圖案右上印羅斯托克市徽，主題是現代的
港都景觀，最右的建築物是七座塔樓的市政廳，最左是
石門（Steintor），左前是現代的起重機。

◆ 東德在1984年4月24日發行一套第七屆國際古蹟保存協會總會紀念郵票，共四枚，其中兩枚以羅斯托克的著名古蹟為圖案主題。

◇面值10分尼／羅斯托克的市政廳（RATHAUS IN ROSTOCK），於1270～1290年興建的哥德式磚造建築，1727～1729年將前面部分改為現今保存的巴洛克式風格。

◇面值40分尼／羅斯托克的石門（STEINTOR IN ROSTOCK），建於1270年的哥德式建築，在中古世紀是最主要的出入城門。

◆ 東德在1969年11月12日發行一套羅斯托克大學設立550周年（550 JAHRE UNIVERSITÄT ROSTOCK印在圖案上緣）紀念郵票，共兩枚。

◇面值10分尼／上面是羅斯托克大學的標記章，下面是羅斯托克大學的建築物。

◇面值15分尼／上面是蒸汽渦輪及曲線，下面是羅斯托克大學的標記章。

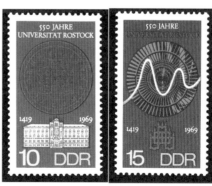

◆ 東德在1979年6月26日發行一套東德的「沙斯尼茨」（Sassnitz）海港至瑞典的「特雷堡」（Trelleborg） 海 港 的 鐵 路 聯 運 船 渡 七 十 周 年 （ 70 JAHRE EISENBAHNFÄHRVERBINDUNG）紀念郵票，採三枚連刷方式，兩枚郵票之間以一枚無面值貼紙相聯，貼紙的主題是波羅的海在東德北部至瑞典南部之間的地圖，羅斯托克位於左下，鐵路聯接船渡的起點——旅根島東北部的沙斯尼茨位於中央，終點特雷堡在旅根島北方，以白線表示鐵路聯接渡船的航線。

◇面值20分尼／主題是「羅斯托克」號鐵路聯運船（Eisenbahnfährschiff Rostock）。
◇面值35分尼／主題是「旅根」號鐵路聯運船（Eisenbahnfährschiff Rügen）。

◆ 東德在1980年6月10日發行一套在羅斯托克區（BEZIRK ROSTOCK印在圖案右側）舉辦的「第十八屆德意志民主共和國勞工節」（18. ARBEITERFESTSPIELE DER DDR 1980 印在圖案上緣）紀念郵票，共兩枚。

◇面值10分尼／1980年羅斯托克區的新舊建築物。
◇面值20分尼／旅根島的一對民俗舞蹈者。

第十章

奧地利共和國

10

奧地利共和國

　　奧地利共和國（Republik Österreich）是位於歐洲中部的內陸國家。與奧地利接壤的國家，西邊是列支敦斯登、瑞士，南邊是義大利和斯洛維尼亞，東邊是匈牙利和斯洛伐克，北邊則是德國和捷克。

全國分成九大行政區採聯邦制：

布爾根蘭（Burgenland）	首府：鐵城（Eisenstadt）
肯騰（Kärnten）	首府：克拉根堡（Klagenfurt）
下奧地利（Niederösterreich）	首府：聖貝爾騰(St. Pölten)
上奧地利（Oberösterreich）	首府：林茲（Linz）
薩爾茲堡（Salzburg）	首府：薩爾茲堡（Salzburg）
史泰爾馬克（Steiermark）	首府：格拉茲（Graz）
提洛爾（Tirol）	首府：茵斯布魯克（Innsbruck）
佛拉爾堡（Vorarlberg）	首府：布雷根茲（Bregenz）
維也納（Wien）	首都：維也納（Wien）

（一）奧地利最偉大的女皇——瑪利亞‧特蕾莎

　　瑪利亞‧特蕾莎（Maria Theresia，1717-1783）的名銜（在位期間1740～1780年）共有：奧地利女大公（Erzherzogin von Österreich）、匈牙利與波希米亞女王（Königin von Ungarn und Böhmen）、神聖羅馬帝國皇后（其實是掌權的女皇）。

　　1713年，特蕾莎的父親、哈布斯堡家族的卡爾六世（Karl VI，1685-

1740）決定把家族的世襲領地奧地利大公國交給特蕾莎管理（因為按照神聖羅馬帝國的傳統皇位不能由女性繼承），他迫使德國諸侯在「1713年國事詔書」上簽字以確保女兒的繼承權。但此份詔書對諸侯們缺乏約束力。1740年卡爾六世皇帝去世之後，特蕾莎依詔書規定繼承奧地利王位，諸侯們群起攻伐，奧地利王位繼承戰爭就此爆發。

1742年，維特斯巴赫家族（Haus Wittelsbach）的巴伐利亞選帝侯卡爾·阿爾布雷希特（Karl Albrecht）利用諸侯們與特蕾莎之間的矛盾得到了神聖羅馬帝國的皇位，歷史稱他為卡爾七世（Karl VII）。

卡爾七世的繼位雖然得到諸侯們的支持，但他並不能控制帝國的中心奧地利和波希米亞，只是個掛名皇帝而已。特蕾莎把握時機，依靠奧地利皇室的力量打敗諸侯，鞏固了哈布斯堡家族在奧地利的統治。1745年卡爾七世去世，特蕾莎迫使他的兒子放棄繼承，運用靈活的外交手腕，巧妙地使她的丈夫「洛特林根的弗蘭茨一世·史提芬」（Franz I. Stephan von Lothringen，1708-1765）繼承了神聖羅馬帝國的皇位。她和她的兒子約瑟夫二世皇帝（Joseph II，1741-1790）在1780年她去世之前一直保持著神聖羅馬帝國的最高統治權。

特蕾莎是一位成功的統治者和政治家，長期保持著對全歐洲的影響力，使得奧地利成為歐洲的一等強國。她本人愛好音樂、美術，影響以後奧地利皇室對藝術創造的長期贊助，如今儘管奧地利在領土和國勢方面算是歐洲的中小國，但在音樂、美術方面仍然居於高度影響地位。

◆ 奧地利共和國在1980年5月13日發行一套特蕾莎女皇去世兩百周年紀念郵票，共三枚，圖案主題採用三個時期三位畫家畫的肖像畫。

◇面值S 2.50／丹麥宮廷畫家梅勒（Andreas Möller）畫的11歲（另一說是15歲）肖像畫。

◇面值S 4／奧地利畫家梅騰斯（Martin van Meytens）畫的中年全盛期（約在1750年代）肖像畫。

◇面值S 6／法國畫家杜克樓（Joseph Ducreux）畫的晚年時期肖像畫。

（二）世界第一套建築專題郵票

◆ 奧地利在1923年5月22日發行一套附捐郵票，共九枚，以面值的五倍出售，溢價部份捐給藝術家。當時的雕刻版印刷術只能印單色，所以圖案設計者就絞盡腦汁，描繪出各種不同花邊來襯托主題。本套的雕工紋路十分細緻，圖案主題是奧地利最著名的建築，所以堪稱古典郵票中的經典之作。

◇面值100K／奧地利最西邊的布雷根茲市景觀。

◇面值120K／奧地利西北部薩爾茲堡的米拉貝爾花園（Mirabell Garden）。

◇面值160K／奧地利東部、維也納南方鐵城的岩山教堂。

◇面值180K／奧地利南部克拉根堡的肯騰邦大廈（Landhaus，建於1574年，現址做為肯騰邦議會之用）。

◇面值200K／奧地利西部茵斯布魯克的金陽台遮頂（Goldenes Dachl）。金陽台遮頂是1497/8至1500年神聖羅馬帝國皇帝麥西米連一世（Maximilian I）命金匠以2738片金箔銅瓦舖在宮殿的陽台遮頂上。

◇面值240K／奧地利北部林茲的中央廣場。

◇面值400K／奧地利東南部格拉茲的城堡山（Schlossberg）及舊市區中心的建築景觀（1999年被聯合國教科文組織列為世界文化遺產）。

◇面值600K／奧地利中部梅爾克（Melk）的梅爾克修道院（Stift Melk），1702～1736年之間興建，巴洛克式建築。

◇面值1000K／維也納的上展望宮（Oberes Belvedere）花園。上展望宮於1720～1723年間興建，巴洛克式建築，現今成為國家美術館。

（三）奧地利十項重大建設專題郵票

◆ 奧地利在1948年2月18日發行一套戰後重建（WIEDERAUFBAU印在圖案上緣）附捐郵
票，共十枚，圖案以奧地利在戰後進行的十項重大建設為主題。

◇面值10 g＋5 g／橋樑建設（BRUCKENBAU）：新稜巴赫（Neulengbach）的跨越拉本巴赫
（Laabenbach）河橋樑。

◇面值20 g＋10 g／水利建設（WASSERBAU）：奧地利最西部佛拉爾堡邦的弗母恩特
（Vermunt）湖水壩及水力發電廠。

◇面值30 g＋10 g／港埠建設（HAFENBAU）：維也納的多瑙河港。

◇面值40 g＋20 g／礦山建設（BERGBAU）：礦場的採礦機及運礦列車。

◇面值45 g＋20 g／鐵路建設（BAHNBAU）：維也納的鐵路南站。

◇面值60 g＋30 g／社區住宅建設（WOHNBAU）：維也納的社區住宅。

◇面值75 g＋35 g／工業建設（INDUSTRIEBAU）：維也納的瓦斯工廠。

◇面值80 g＋40 g／石油建設（ERDÖL）：煉油廠。

◇面值1S＋50 g／道路建設（STRASSENBAU）：在史泰爾馬克邦的Gesäuse道路。

◇面值1S40＋70 g／立法建設（GESETZGEBUNG）：維也納的國會大廈。

（四）維也納的最著名地標──聖史提芬大教堂

　　聖史提芬大教堂（Stephansdom）自1263年開始起造，之後陸續增建，至1611年為止，屬於哥德式建築，尖塔高135公尺，因此成為維也納的著名地標。

◆ 奧地利共和國在1946年12月12日發行一套為籌措重建聖史提芬大教堂（1945年受戰火波及而受損）基金的附捐郵票，共十枚。

　　◇面值3 g＋12 g／1359年教堂擴建的起造者奧地利大公魯道夫四世（Rudolf IV，1339-1365）雕像。
　　◇面值5 g＋20 g／神聖羅馬帝國皇帝弗利德里希三世（Friedrich III，1415-1493）的陵寢雕像。
　　◇面值6 g＋24 g／教堂內的主要講道壇。
　　◇面值8 g＋32 g／聖史提芬（基督教的第一位殉教者，被判用石頭砸死）雕像。
　　◇面值10 g＋40 g／聖母抱聖嬰雕像。

　　◇面值12 g＋48 g／至聖祭壇。
　　◇面值30 g＋1S20／聖史提芬大教堂內的管風琴，布魯克納曾在此為奧地利皇帝及皇族演奏。

◇面值50 g＋1S80／雕刻家
安東‧皮爾格拉罕（Anton
Pilgram）雕像。

◇面值1S＋5S／從東北方位
看大教堂。

◇面值2S＋10S／大教堂的
西南角。

◆ 奧地利共和國在1977年4月22日發行一套聖史提芬大教堂重建及重新啓用25周年紀念郵
票，共三枚。

◇ 面值2.50S／教堂的哥
德式尖塔。

◇面值3S／教堂的塔樓
及屋頂。

◇面值4S／教堂的內部
聖壇。

（五）維也納建築景觀專題郵票

◆ 奧地利共和國在1964年7月20日為1965年在維也納舉行的國際郵展（Wiener
Internationale Postwertzeichen-Ausstellung，簡稱WIPA）發行一套附捐郵票，共八枚，
每一枚面值均為S1.50＋30g（奧地利貨幣單位1Schilling＝100Groschen），圖案主題是從
八個方位看維也納的建築景觀。

◇北方（N德文Nord的簡寫）／中間高樓是環塔（Ringturm，
位於維也納的環城牆道路Wiener Ringstraße而得名），在戰
後代表維也納的新建築物（1953～1955年興建），高93公
尺，23層樓；樓頂上有一座20公尺高的氣象燈塔
（Wetterleuchtturm）。

◇東北方（NO德文Nordost的簡寫）／左邊尖塔是「在岸邊的瑪利亞」（Maria am Gestade）教堂，中後方是在多瑙河畔公園的多瑙塔（Donauturm，高252公尺，建於1964年，維也納最高的建築物）。

◇東方（O德文Ost的簡寫）／左邊是聖彼得教堂（Peterskirche）的圓頂，右邊是聖史提芬大教堂的尖塔。

◇東南方（SO德文Südost的簡寫）／遠處是特蕾莎女皇最愛居住的夏季離宮——綠色屋頂的上展望宮（Oberes Belvedere）。

◇南方（S德文Süd的簡寫）／哈布斯堡王朝的宮殿堡（Hofburg）。

◇西南方（SW德文Südwest的簡寫）／左邊圓頂是美術史博物館（Kunsthistorisches Museum），右邊圓頂是自然史博物館（Naturhistorisches Museum），兩座博物館之間是瑪利亞・特蕾莎廣場（Maria-Theresien-Platz），都在1872～1891年之間興建，珍藏哈布斯堡王朝歷代君王所收集的各種寶物，被稱為世界最頂級的藝術珍品。

◇西方（W德文West的簡寫）／中間是法國哥德式的米諾里騰教堂（Minoritenkirche，1316～1328年興建，1350年完工），右邊是市政廳的尖塔。

◇西北方（NW德文Nordwest的簡寫）／左邊兩座尖塔（塔高100公尺）是弗提夫教堂（Votivkirche）。

◆ 奧地利共和國在1970年4月27日發行一套第二共和國25周年（25 JAHRE ZWEITE REPUBLIK）紀念郵票，其中一枚面值S2的圖案是上展望宮（典型的巴洛克式宮殿）及大庭院，國名上面印一行德文「ÖSTERREICH IST FREI」即「奧地利是自由的」之意。

◆ 奧地利共和國在1975年發行一枚當時最高面值50S（依當時匯率約合新台幣125元）的普通郵票（非紀念性，做一般貼信常用之郵票），圖案主題是維也納宮殿堡的會議中心（KONGRESSZENTRUM HOFBURG）。宮殿堡原為奧地利皇室之宮殿，第一次世界大戰結束，改為共和體制，便將宮殿改為大型會議場所。

◆ 奧地利共和國在1983年9月23日發行一款維也納市政廳100周年（100 Jahre Weiner Rathaus印在圖案最上緣）紀念郵票，面值4S。圖案左上是百年前、右上是現代的維也納市徽。維也納市政廳於1872～1883年之間興建，屬於新哥德式建築。

◆ 奧地利共和國在1955年7月25日發行，紀念維也納國家歌劇院（Die Staatsoper in Wien）與城堡戲院（Das Burgtheater in Wien）重新開幕。

◇面值1.50S／圖案主題是維也納城堡戲院。原來的宮廷戲院在1741年3月14日由特蕾莎女皇下令建造，1794年正式啟用。1874年開始興建新的宮廷戲院，在1888年10月14日遷到現址，1944年被炸燬，直到1955年才完全修復。

◇面值2.40S／圖案主題是維也納國家歌劇院。原名維也納宮廷歌劇院（Hofoper），於1861年開始興建，1869年完成，同年5月5日開幕首次演出莫札特的作品《唐·喬凡尼》（Don Giovani），1920年改名為國家歌劇院。1945年3月12日遭盟軍轟炸機投彈擊中引起火災燒毀部份建築物，戰後重新整修，可容納2200座位，1955年11月15日首次演出貝多芬的歌劇《費德里奧》（Fidelio）。

◆ 奧地利共和國在1993年發行，面值7S，圖案是維也納國家歌劇院，紀念維也納國家歌劇院的兩位建築設計師去世125周年。Eduard van der Nüll（1812-1868）與August Siccard von Siccardsburg（1813-1868）兩人是好朋友，共同設計維也納國家歌劇院，兩人卻不幸都在1868同一年去世。

奧地利共和國

◆ 奧地利共和國在1998年發行一套附快遞郵資的維也納景觀明信片，共六枚，每一枚郵資
S7，其中四枚圖片的主題是維也納著名建築物。

◇第二枚／在宮
殿堡廣場前的
觀光遊覽用出
租馬車。

◇第三枚／維也
納市景觀，右
邊是聖史提芬
大教堂。

◇第四枚／美泉宮殿的正面大門（Schloß Schönbrunn-Haupteingang）。

◇第五枚／美泉宮殿與榮耀宴客廳（Schloß Schönbrunn und Gloriette，建於1775年）之夜景。

神聖羅馬帝國皇帝馬提亞斯（Matthias，1557-1619）曾至此狩獵，飲用此處泉水，覺得清爽甘美，於是命名此泉為「美泉」。1743年，特蕾莎女皇下令在此興建氣勢雄偉的美泉宮及景緻秀麗的巴洛克式花園。庭園東西約1.2公里、南北約1公里，總面積2.6萬平方公尺，規模僅次於法國的凡爾賽宮。宮內有1441個房間，其中45間對外開放供參觀。整個宮殿屬於巴洛克風格，但是其中有44個房間是洛可可風格。如今美泉宮是維也納最著名的觀光旅遊景點，每年約有一百五十萬人來此參觀，因此成為奧地利最重要的觀光資源。1996年被聯合國教科文組織列為世界文化遺產。

加郵站

◆ 奧地利在1947年6月20日發行一套藝術家附捐郵票，其中面值30 g ＋10 g的圖案主題是位於美泉宮花園內的「美人倒美泉」雕像。

◆ 奧地利共和國在1999年發行一款美泉宮殿被聯合國教科文組織列為世界文化遺產紀念郵票，面值13S，圖案主題是美泉宮殿及花園內的噴泉水池。

◆ 奧地利共和國在1979年8月24日發行一款維也納國際中心（INTERNATIONALES ZENTRUM WIEN印在圖案最上緣）啓用紀念郵票，面值6S。圖案左上是聯合國工業發展組織（UNIDO）及國際原子能總署（IAEA）的標誌，主題是位於多瑙園區（Donaupark）的維也納國際中心建築，於1973～1979年興建，其中最高的建築高120公尺、28樓層，現在有聯合國工業發展組織、國際原子能總署、石油輸出國組織（OPEC）、歐洲安全合作組織（OSCE）等著名國際組織的辦事處設於園區內。

◆ 奧地利共和國在1986年11月4日發行一款小全張，紀念歐洲安全合作會議在維也納繼續集會，圖案主題是維也納市區景觀圖。小全張的左上、右上、左下、右下角分別印「K」、「S」、「Z」、「E」就是歐洲安全合作會議的德文簡寫，内含一枚郵票面值6S。圖案的左上方是多瑙河（Donau），左上角就是多瑙園區的高樓群，圖案的中間有一條蜿蜒的河流是多瑙運河（Donaukanal）。

（六）奧地利的國會大廈

◆ 奧地利共和國在1969年4月8日發行一款國際國會聯盟會議
（INTERPARLAMENTARISCHE UNION印在圖案最上緣，會
期4月7日至13日）紀念郵票，面值S2，圖案主題是國會大廈
的正面。大廈於1874～1883年之間興建，屬於古典希臘式建
築，大廈前面是雅典智慧女神像（Pallas Athena）噴泉。

◆ 奧地利共和國在1989年6月30日發行一款國際國會聯盟100
周年紀念郵票，面值S6，圖案主題是國會大廈及前面的雅典
智慧女神像噴泉。

（七）森枚玲鐵路──世界文化遺產

　　森枚玲鐵路（Semmeringbahn）屬於奧地利南方鐵路（Sudbahn）的一
段，起點「格羅格尼茨」（Gloggnitz）越過「森枚玲」到達「繆爾楚許拉格」
（Mürzzuschlag），位於下奧地利州與史泰爾馬克州交界，全長41公里，由著
名奧地利工程師葛加（Carl Ritter von Ghega）設計。因高度落差460公尺，
葛加還設計特殊的蒸汽機關車能牽引列車爬上陡坡。

　　此段鐵路於1848～1854年間興建，工程艱鉅浩大，包括14座隧道（其
中一座最長達1512公尺）、16座拱橋、超過100座彎道石橋及11座小鐵橋，總
共動用兩萬名工人才完工。

　　除了工程難度高以外，工程師葛加將科技的建築與自然環境景觀做了
完整的調和，每年吸引觀光客搭乘鐵路觀光列車欣賞沿途雄偉的建築工程及

美麗的自然景色，森枚玲鐵路成爲奧地利著名的旅遊觀光景點，因此在1998年被聯合國教科文組織列爲世界文化遺產。

◆ 奧地利共和國在2001年發行一款森枚玲鐵路在1998年被聯合國教科文組織列為世界文化遺產的紀念郵票，面值S35，圖案主題是森枚玲鐵路跨越山谷的拱橋。

◆ 奧地利共和國在1971年10月21日發行一款奧地利都市間快速列車啓用紀念郵票，面值2S，圖案主題是奧地利的4010型都市間快速旅客列車正穿出森枚玲鐵路的克勞澤（Krausel）隧道。

◆ 奧地利共和國在1952年3月1日發行一款工程師葛加（1802-1860）誕生150周年紀念郵票，面值1S，圖案主題是葛加肖像畫。

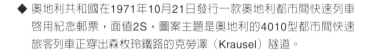

　　葛加的德文原名Carl von Ghega，因設計森枚玲鐵路對奧地利鐵路交通建設有重大貢獻，奧地利皇室封他為Ritter，相當於英文的knight，即「騎士」之意。加了封號頭銜後，全名成為Carl Ritter von Ghega。

加郵站

第十一章

捷克共和國與斯洛伐克

11
捷克共和國與斯洛伐克

　　捷克（Česká）屬歐洲中部內陸國家，北與波蘭為鄰，東與斯洛伐克（Slovensko）交界，南與奧地利相連，西和西北與德國接壤。

　　捷克人與斯洛伐克人曾於第九世紀共同建立大摩拉維亞帝國（Great Moravian Empire）。第一次世界大戰結束，奧匈帝國瓦解，兩族於1918年聯合建立捷克斯洛伐克共和國（Republic of Czechoslovakia）。1938年英、法、義三國與納粹德國簽訂慕尼黑協定，將捷克斯洛伐克之德語區蘇台德省（Sudeten）割予德國，另一部份領土割予匈牙利及波蘭。1939年德國入侵佔領捷克斯洛伐克。1945年第二次世界大戰結束後，捷克斯洛伐克恢復獨立並於1946年舉行全國選舉，共黨獲得多數票而組織聯合政府，進而於1948年贏得大選，獲得全面控制權，同年6月9日建立捷克斯洛伐克人民共和國（People's Republic of Czechoslovakia），1960年7月通過新憲法，更改國號為捷克斯洛伐克社會主義共和國（Czechoslovak Socialist Republic）。

　　1968年捷共第一書記杜布契克（Alexander Dubček）領導進行社會、政治、經濟改革，強調「人性的社會主義」，惟「布拉格之春」（Pražské jaro）自由化運動旋即受到蘇聯率華沙集團聯軍坦克於同年8月21日入侵、鎮壓並佔領捷克而宣告失敗。同年捷共政府修訂憲法，於1969年1月1日正式建立聯邦體制，斯洛伐克與捷克兩共和國皆設置獨立的政府與國會。

　　1989年11月捷克民間大規模之示威運動，迫使捷共政府與民主人士分享政權，12月29日聯邦國會選舉哈維爾（Václav Havel）為總統，其後幾個月捷克快速進行民主改革，共黨對政府之控制完全瓦解，此即為「絲絨革命」（Velvet Revolution）。

　　由於斯洛伐克人要求政治地位平等，經過激烈的辯論後，聯邦國會於

1990年4月20日通過決議，更改正式國名爲「捷克暨斯洛伐克聯邦共和國」（The Czech and Slovak Federal Republic），後因聯邦政府採行之激進經濟改革措施，對經濟發展較落後之斯洛伐克帶來嚴重打擊，導致斯洛伐克人不滿，兩共和國間之關係成爲政壇主要之爭議。1993年1月1日起聯邦分裂，捷克與斯洛伐克分別獨立。

（一）捷克斯洛伐克著名的休養地

◆ 捷克斯拉夫（ČESKOSLOVENSKO）在1951年4月2日發行一套航空郵資郵票，共四枚，圖案主題是捷克斯洛伐克著名的休養地。圖案上方印一架俄國製的伊留辛12型（Ilyushin 12）雙螺旋槳民用客機表示航空郵資郵票。

◇面值6Kčs／卡爾浴場（KARLOVY VARY）的溫泉柱廊，位於捷克西部的溫泉休養地。歐洲的名人如歌德、席勒、蕭邦、貝多芬等人曾來此療養，因此可見到為他們而建立的紀念碑。

◇面值10Kčs／皮耶茲塔尼（PIEŠŤANY）特米亞宮（Thermia Palace，建於1912年）溫泉旅館，位於斯洛伐克西部的溫泉休養地。據考古學家研究，八萬年前就有人類在此居住的遺跡，當地溫泉對於關節炎、風濕病患者具有相當程度的療效，因此每年吸引德國、奧地利及阿拉伯富商來此休養度假（2004年統計當地接待四萬多人次，外籍人士佔六成多）。

◇面值15Kčs／瑪莉安浴場（MARIÁNSKÉ LÁZNĚ）的鑄鐵柱廊（Kolonáda），位於捷克的最西邊。歐洲最著名的溫泉休養地之一，歐洲的名人如歌德、蕭邦、華格納以及英國國王愛德華七世、俄國沙皇尼古拉二世、奧國皇帝約瑟夫二世等王公都常到此地休養。

◇面值20Kčs／斯利亞且（SLIAČ）的溫泉旅館，位於斯洛伐克中部的溫泉休養地。

Kčs是捷克使用的貨幣單位名稱捷克克朗koruna česká之簡寫，依2006年4月16日之國際匯率，1美元約為23.712Kčs。koruna是皇冠之意。

◆ 捷克斯洛伐克在1958年6月25日發行一套捷克浴場宣傳郵票，共六枚，圖案主題是捷克斯洛伐克著名的休養地。

◇面值30h／卡爾浴場（六百周年紀念，1358-1958）的溫泉柱廊。

◇面值40h／波得布拉地（PODĚBRADY）城堡，位於中波西米亞區的溫泉浴場小鎮，在布拉格東方50公里。1926年報導當地溫泉對於治療心臟血管疾病頗有效果而聞名歐洲。

◇面值60h／瑪莉安浴場（一百五十周年紀念，1808-1958）。

◇面值80h／路哈座威謝（LUHAČOVICE），位於捷克東南部的溫泉浴場小鎮。

◇面值1.20Kčs／澤泊湖（ŠTRBSKÉ PLESO）畔的溫泉旅館，位於斯洛伐克北部塔特拉高山脈的山中湖。

◇面值1.60Kčs／特連建的提普利謝（TRENČIANSKE TEPLICE），位於斯洛伐克西北部的溫泉浴場小鎮。

（二）捷克斯洛伐克著名的建築與景觀

◆ 捷克斯洛伐克在1961年10月23日發行一套為1962年布拉格世界郵展的宣傳郵票，圖案主
　題是捷克斯洛伐克各地的著名建築與景觀。圖案左下印布拉格世界郵展的標誌，最下方印
　捷克文「SVĚTOVÁ VÝSTAVA POŠTOVNICH ZNÁMEK」及各種文字的「世界郵票展
　覽」。

◇面值20h／歐利克水壩（PŘEHRADA ORLÍK，1956～1963年興建，位於布拉格南方80公
　里的伏爾塔瓦河）裝置四部克普蘭式渦輪發電機，右邊印克普蘭式渦輪（奧地利教授克普
　蘭〔Viktor Kaplan〕在1913年設計發明）。最下方印捷克文及西班牙文的「世界郵票展
　覽」。
◇面值30h／布拉格市景觀，左上是城堡區。圖案左邊印參展國的國旗，右邊印各國郵票，最
　下方印捷克文及俄文的「世界郵票展覽」。
◇面值40h／捷克南部最美麗的聖母堡（HLUBOKÁ，仿英國溫莎式城堡）附近景觀，右邊是
　鯉魚。最下方印捷克文及阿拉伯文的「世界郵票展覽」。

◇面值60h／捷克西部的溫泉休養地卡爾浴場的噴泉柱廊，右邊是喝溫泉的杯子。最下方印捷
　克文及俄文的「世界郵票展覽」。
◇面值1.20Kčs／北捷克（SEVEROČESKÝ KRAJ）山區景觀，右邊是瓶子。最下方印捷克
　文及瑞典文的「世界郵票展覽」。
◇面值3Kčs／捷克東南部的布爾諾市街景觀，右邊是軸承。最下方印捷克文及義大利文的
　「世界郵票展覽」。

◇面值4Kčs／斯洛伐克最西邊的布拉提斯拉瓦（Bratislava，
　1993年起成為斯洛伐克的首都）市街景觀，右邊是一串葡萄。
　最下方印捷克文及英文的「世界郵票展覽」。

◆ 捷克斯洛伐克在1961年12月18日發行一套為1962年布拉格世界郵展的宣傳郵票，圖案主
題是捷克斯洛伐克各地的著名建築與景觀。

◇ 面值1Kčs／捷克西部的工業都市皮爾森（PLZEŇ）市街景觀，
右邊是皮爾森啤酒瓶。最下方印捷克文及中文的「布拉格一九六
二世界郵票展覽」。

◇面值1.6Kčs／斯洛伐克與波蘭交界的塔特拉高山脈（VYSOKĚ
TATRY，有25座高度超過2500公尺的山峰），左邊有一隻隼鷹停
在枯枝上，右邊是登山鞋、繩索及登山用的鶴嘴鋤。最下方印捷
克文及德文的「世界郵票展覽」。

◇面值2Kčs／位於捷克東部歐斯特拉瓦-坤其西的戈特瓦達煉鋼廠
（NOVÁ HUŤ K.GOTTWALDA OSTRAVA-KUNČICE），右邊是
煉鋼廠用的吊鉤。最下方印捷克文及世界文（Esperanto）的
「世界郵票展覽」。歐斯特拉瓦是捷克第三大都市。

◇面值5Kčs／布拉格市景觀，左上是城堡區。圖案上下緣飄揚參
展國的國旗。最下方印捷克文及法文的「世界郵票展覽」。

戈特瓦得（Klement Gottwald，1896-1953）是捷克共
黨領導人，1946年5月任捷克總理，1948年5月任共和國總
統，直到1953年3月14日病逝。

而世界文（Esperanto）是波蘭的猶太裔眼科醫生柴門
和夫（Ludwik Lejzer Zamenhof）經過十幾年的研究創作在
1887年發表的人造語文。柴門和夫的目標是創立一種簡單易
學的語言，一種普世的第二語言，用來促進世界和平及國際
了解，又稱為普世通用語文。

加郵站

◆ 捷克斯洛伐克在1967年2月13日配合聯合國將1967年訂為國際觀光年（International Tourist Year）發行一套宣傳郵票，共四枚，圖案主題選用都市的建築與景觀。

◇面值30h／亦拉瓦（Jihlava），位於捷克中南部維所其納（Vysočina）區的中央。

◇面值40h／布爾諾，位於捷克東南部，捷克第二大都市。

◇面值1.20Kčs／布拉提斯拉瓦的城堡、教堂、舊市政廳，前面就是多瑙河。

◇面值1.60Kčs／從南向北俯瞰布拉格（Praha），左上是城堡宮（Hradcany），中間是伏爾塔瓦河，最前方是兵團橋，往上是「卡爾橋」（即查理士橋）。

（三）布拉格——捷克的首都

　　布拉格的譯名源自英文名稱Prague，而Prague又源自德文名稱Prag，捷克文稱為Praha，音譯成「布拉哈」。位於波希米亞地區的伏爾塔瓦河（捷克最長的河流，源於捷克西南部山區，流長430公里，在布拉格北方的Mělník注入易北河）中游的兩岸。1992年布拉格的舊市中心建築被聯合國教科文組織列為世界文化遺產。

　　公元九世紀下半期建城後，布拉格成為波希米亞國王的居住地。波希米亞國王卡爾一世（1316-1378）在1355年被選為神聖羅馬帝國的皇帝，稱號為卡爾四世。而布拉格正好位於整個歐洲的最核心地區，因此卡爾四世將神聖羅馬帝國的首都遷到布拉格。

　　布拉格在卡爾四世的勵精圖治下各項建築興盛，新城（在舊城之南）、1357年建造伏爾塔瓦河上最著名的橋樑「查理士橋」、中歐最早的哥德式教堂聖維塔天主教大教堂、歐洲最古老的大學「卡爾大學」（Univerzita Karlova，英文Charles University音譯為查理大學）等皆建於當時，布拉格因而與羅馬、康士坦丁堡（即現今土耳其的伊斯坦堡）並稱為歐洲的三大都市。由於市中心的教堂、宮殿等大建築被修建得金碧輝煌，因此得到「黃金的布拉格」的雅號；市內建築不少尖塔造型，因此又稱為「百塔之都」。

布拉格的著名建築物

◆ 捷克斯洛伐克在1968年6月22日發行一
種小全張紀念捷克斯洛伐克發行第一枚
郵票50周年，面值10Kčs，圖案主題是
首都布拉格的地標布拉格城堡，中間的
尖塔是聖維塔大教堂，前面是著名的查
理士橋。小全張的中下處複印捷克斯拉
夫的第一枚郵票。

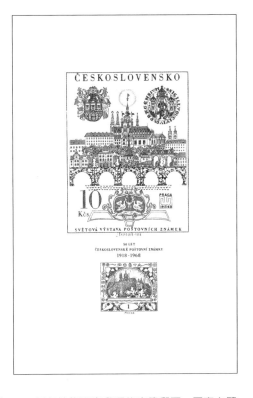

◆ 捷克斯洛伐克在1976年6月23日發行一套為1978年布拉格國際郵展的宣傳郵票，圖案主題
是首都布拉格的著名建築物。由於本套為航空郵票之用，所以設計者將各種飛機的陰影印
在圖案中央，令人有立體之感，彷彿飛機就在上空飛越，在郵票圖案設計可說是一項創
新，值得仔細欣賞。

◇面值60h／中間的高塔是西特卡抽水塔（šitka，供應新
城區），緊鄰水塔的是馬內斯（Mánes）藝廊，後面是
蘇菲亞島，左上是跨伏爾塔瓦河上的紀拉斯克橋。TU-
134型噴射客機的陰影。

◇面值1.60Kčs／位於北區森林公園的國會議事堂。
IL-62型噴射客機的陰影。

◇面值2Kčs／查理士橋西端的橋塔，原來做為守護橋的監視塔。Mil-8
型直昇機的陰影。

◇面值2.40Kčs／查理士橋東端的橋塔，左下的高
塔是供應舊城區的抽水塔，最靠河畔的是史麥塔
那（捷克最偉大的作曲家）紀念館。IL-18型客
機的陰影。

◇面值4Kčs／舊城區廣場，最左尖
塔是舊市政廳，右上雙尖塔是
「天」大教堂（Týnský Chrám）。
IL-62型噴射客機的陰影。

◇面值6Kčs／位於西北的布拉格城
堡，上方的尖塔是聖維塔大教
堂。YAK-40型噴射客機的陰影。

◆ 捷克斯洛伐克在1978年9月8日發行一種紀念1978年布拉格國際郵展宣傳郵票，共四枚，
圖案主題是首都布拉格的著名建築物。

◇ 面值60 h／跨越位於布拉格新城區南方的努澤爾（Nusle）谷地的努澤爾橋（Nuselský
most），建於1973年，長485公尺，高40公尺；右上方是科林西亞大旅館高樓（Hotel
Corinthia Towers），26層，高83公尺。

◇面值1Kčs／左邊是市政廳，1905～1911年興建；最左是火藥塔（Prašna brána），1475～
1484年興建。右邊是當時新建的KOTVA百貨公司。

◇面值2Kčs／當時新建的郵政電訊大樓。

◇面值6Kčs／左邊是位於布拉格西北部的城堡區，布拉格
的最古老城區；右邊是位於城堡區東邊的雷特那（Letná）
區新建築。

◆ 捷克斯洛伐克在1988年7月1日發行一種紀念1988年布拉格國際郵展宣傳郵票，共四枚，
圖案主題是首都布拉格新建的著名建築物。

◇面值50h／工會休閒中心（ÚSTŘ
EDNI DŮM REKREACE ROH）。

◇面值1Kčs／對外貿易處理公司
（KOOSPOL）。

◇面值2Kčs／摩托爾教學醫院
（FAKULTNI NEMOCNICE
MOTOL）。

◇面值4Kčs／文化宮（PALÁC
KULTURY）。

布拉格的名橋

◆ 捷克斯洛伐克在1978年5月30日發行一套1978年9月8～17日在布拉格舉辦的國際郵展宣傳
郵票，共六枚，圖案主題是首都布拉格的著名橋樑。

◇面值20h／帕拉基橋，右邊是斯羅凡斯基修道院（Slovanský Dům）。
◇面值40h／鐵道橋，右邊是聖彼得與聖保羅大教堂（kostel sv. Petra a Pavla）。
◇面值1Kčs／五月一日橋（MOST 1.MÁJE，紀念國際勞工節），共黨政權垮台後改名兵團橋，
　右邊是國家劇院（Národní Divadlo）。

◇面值2Kčs／馬内斯橋（MÁNESůV MOST，紀念畫家Josef Mánes，1820-1871），建於1914
　年，長160公尺。右邊是魯道夫宮（Rudolfinum），目前是捷克愛樂交響樂團的所在地。
◇面值3Kčs／捷赫橋（MOST SV ČECHA，紀念文學家Svatopluk Čech，1848-1908），建於
　1908年，長160公尺。左邊是在左岸橋頭的守橋塔。
◇面值5.40Kčs／最著名的查理士橋。左邊是在左岸橋頭的橋塔。

布拉格的「查理士橋」

　　查理士橋是伏爾塔瓦河上唯一的石橋，也是自十四世紀竣工以來連接
兩岸的主要通道。1357年在國王卡爾四世的授命下開始建造，直到1402年才

大功告成。橋身以砂岩塊鋪設，長516公尺，寬9.5公尺，由16座橋墩支撐。1974年修建後僅供行人徒步，成為布拉格最著名的觀光景點以及觀光客必經之橋。該橋被譽為藝術之橋，是因為橋面兩旁的護牆與每一座橋墩交接處上面都立了一座聖者雕像而得名。

◆ 捷克斯洛伐克在1978年9月10日發行一種紀念1978年布拉格國際郵展以及捷克斯洛伐克發行第一枚郵票60周年的小全張，面值20Kčs，圖案主題是首都布拉格最著名的查理士橋。

（四）布拉格世界郵展宣傳郵票

◆ 捷克斯洛伐克在1967年10月30日發行一套為1968年布拉格世界郵展的宣傳郵票，主題是各國首都的著名建築物，郵票下方附一枚無面值的宣傳貼紙，介紹1968年布拉格世界郵展的標誌及各國文字的世界郵展。由於本套為航空郵票性質，所以圖案上方刻印不同種類的民用飛機。

◇面值30h／布拉格城堡中間的尖塔是聖維塔大教堂（sv.Vita），右上是1962年在布拉格舉行的世界郵展標誌，左上是捷克自製的「空中計程車」（Aerotaxi）L200型小飛機。下方宣傳貼紙印有1968年布拉格世界郵展的標誌及斯拉夫文的「世界郵展」字樣。

◇面值60h／土耳其的伊斯坦堡地標——蘇菲亞大教堂（後來被改為回教的清真寺），右上是
1963年在伊斯坦堡舉行的世界郵展標誌，左上是英國的三叉戟式（Trident）噴射客機。下方
宣傳貼紙印有1968年布拉格世界郵展的標誌及土耳其文的「世界郵展」字樣。

◇面值1Kčs／巴黎的地標——城市之島（Ile de la Cité）中的聖母大教堂（Notre-Dame），左上
是1964年在巴黎舉行的世界郵展標誌，右上是法國的輕帆船式（Caravelle）噴射客機。下方
宣傳貼紙印有1968年布拉格世界郵展的標誌及法文的「世界郵展」字樣。

◇面值1.40Kčs／維也納的地標——展望（Belvedere），左上是1965年在維也納舉行的世界郵展
標誌，最左上是英國的子爵式（Viscount）渦輪螺旋槳客機。下方宣傳貼紙印有1968年布拉格
世界郵展的標誌及德文的「世界郵展」字樣。

◇面值1.60Kčs／華盛頓的地標——美國國會（Capitol），右上是1966年在華盛頓舉行的世界郵
展標誌，左上是美國的波音707型噴射客機。下方宣傳貼紙印有1968年布拉格世界郵展的標誌
及英文的「世界郵展」字樣。

◇面值2Kčs／荷蘭首都——阿姆斯特丹舊市區，右上是1967年在阿姆斯特丹舉行的世界郵展標
誌，左上是美國的道格拉斯DC-8型噴射客機。下方宣傳貼紙印有1968年布拉格世界郵展的標
誌及荷蘭文的「世界郵展」字樣。

◇面值5Kčs／右前是布拉格高地城堡的聖彼得與聖保羅
大教堂，右後是布拉格的舊城區，左後是布拉格城堡
的教堂，左上是蘇聯的Tu-134型噴射客機，最右下角
是布拉格世界郵展的標誌。而本枚郵票最引人入勝之
處就是伏爾塔瓦（Vltava）河上的五座橋樑，由前至
後依序是：第一座鐵道橋（železniční mos），第二座
帕拉基橋（Palackého most），第三座紀拉斯克橋
（Jiráskův most），第四座兵團橋（Most Legií），及第
五座卡爾橋（Karlův most，此即最著名的查理士橋，
英文稱為Charles）。

（五）布爾諾──捷克第二大都市

◆ 捷克斯洛伐克在1958年9月6日發行一套國家郵展（CELOSTATNÍ VÝSTAVA POŠTOVNÍCH
ZNÁMEK）紀念郵票，共四枚，圖案主題是主辦郵展的布爾諾市（BRNO）建築及景觀。

◇面值30h／兒童醫院。
◇面值60h／新市政廳。
◇面值1Kčs／聖托瑪斯大教堂。

◇面值1.60Kčs／布爾諾市建築及景觀。圖案中可以看到不
少工廠的煙囪冒煙，顯示布爾諾是一個工業都市。

捷克共和國與斯洛伐克

第十二章

匈牙利

　　匈牙利〈Magyar〉位於中歐，鄰接斯洛伐克、奧地利、斯洛維尼亞、克羅埃西亞、塞爾維亞與蒙特內哥羅、羅馬尼亞及烏克蘭。

　　匈牙利的人民馬札爾人來自歐洲與亞洲交界的烏拉山附近（目前在俄國境內），十世紀遷入現在國境，以善於馴馬著稱。公元1000年接受基督教信仰，十五世紀受土耳其壓迫，十七世紀與奧地利及捷克合組奧匈帝國，直至第一次世界大戰後始獨立，第二次世界大戰後淪入鐵幕，1956年曾發生抗暴事件，但不幸被蘇聯派戰車部隊鎮壓。1989年改革後成為民主自由國家。

（一）賀托巴宜大草原

　　賀托巴宜（Hortobágy）大草原位於匈牙利的東南部，1973年起成為匈牙利的國家公園，面積八萬兩千公頃，是目前中歐地區最大的草原及牧場，1999年被聯合國教育科學文化組織列為世界文化遺產。

◆ 匈牙利在1968年7月25日發行一套賀托巴宜大草原牧馬專題郵票，共九枚，圖案主題分別是：
　　◇面值30f／牧馬者將馬匹趕到大草原吃牧草。
　　◇面值40f／暴風雨吹襲大草原，牧馬者趕緊鞭策馬匹離開。

◇面值60f／牧馬者在大草原賽馬。

◇面值80f／冬天牧馬者駕馭兩匹馬拉雪橇。

◇面值1Ft／雨過天晴，天空出現彩虹，四匹馬拉的馬車在大草原奔馳。

◇面值1.40Ft／一位牧馬者駕馭七匹馬拉的馬車在大草原奔馳。

◇面值2Ft／一位牧馬者在馬背上駕馭五匹馬，做馬術表演。

◇面值2.50Ft／牧馬者在牧場的草棚内點燃營火，右邊是賀托巴宜橋。

◇面值4Ft／五匹馬拉的馬車在大草原奔馳。

（二）匈牙利各城市著名建築物

◆ 匈牙利在1958年12月31日發行一套航空郵資（匈牙利文LEGIPOSTA）郵票，共十枚，主題是蘇聯製造伊留辛12型雙螺旋槳民用客機（除了面值1 Ft是Tu-104A型噴射客機）飛越匈牙利各城市著名的建築物。

◇面值２０ｆ／色格德（SZEGED）的市政廳。色格德位於匈牙利的最南邊，匈牙利的第四大都市，由於每年日照時數在匈牙利名列前茅，因此被稱為陽光都市。

◇面值30f／夏羅許帕塔克（SÁROSPATAK）城堡。位於匈牙利東北部，當地城堡的堡主拉科齊二世在1703～1711年曾領導匈牙利人反抗奧地利的哈布斯堡王朝統治，被匈牙利人尊稱為民族英雄。

◇面值70f／街爾（GYÖR）的市政廳。在匈牙利的西北邊，正好位於布達佩斯到維也納的半路上，匈牙利的第六大都市。

◇面值1Ft／布達佩斯（BUDAPEST）的國家歌劇院（Magyar Állami Operaház）。

◇面值1.60Ft／維斯普連（VESZPRÉM）市街。匈牙利最古老的城鎮之一，在匈牙利的西部，中歐最大湖——巴拉頓湖（Balaton，面積592平方公里）的北方15公里。

◇面值2Ft／布達佩斯的鏈橋。

◇面值3Ft／秀普隆（SOPRON）的城塔。在匈牙利的西北邊，接近與奧地利交界處，保存許多文藝復興式及巴洛克式建築，著名音樂家李斯特曾在此住過。

◇面值5Ft／布達佩斯的英雄廣場（Hősök tere）及美術館（Szépművészeti Müzeum）。

　　英雄廣場是布達佩斯最主要的廣場，位於佩斯新市區，1896年為慶祝匈牙利建國一千年而興建，直到1929年完工落成。廣場中央豎立一座千禧年紀念碑（Millenniumi emlékmű）以及圍成半圓形的廊柱，紀念碑高36公尺，碑頂有一座高5公尺的加百列守護天使雕像，底座豎立匈牙利建國時七尊部族領袖騎馬雕像，半圓形的廊柱分左右兩旁，各豎立七尊匈牙利民族英雄（包括君王和爭取獨立的志士）雕像，十四位名號如下（匈牙利原文）：

　　匈牙利王：史提芬一世（I. István，975-1038）

　　匈牙利王：拉斯洛一世（I. László，1040-1095）

　　匈牙利王：喀爾曼（Könyves Kálmán，1070-1116）

　　匈牙利王：安德剌二世（II. András，1175-1235）

　　匈牙利王：貝拉四世（IV. Béla，1206-1270）

　　匈牙利王：喀羅利・洛伯特（Károly Róbert，1288/1291-1342）

　　匈牙利王：拉佑許一世（I. Lajos，1326-1382）

　　匈牙利將軍、政治家：夫尼亞第・亞諾許（Hunyadi János，1387 - 1456）

　　匈牙利王：「正直的馬提亞斯」（Matthias Corvinus，1443-1490）

　　匈牙利反抗哈布斯堡王朝的領袖、川汐凡尼亞爵主（Transylvania，原為匈牙利領土，現今併入羅馬尼亞）：波茨凱（Bocskay István，1557-1606）

　　匈牙利反抗哈布斯堡王朝的領袖、川汐凡尼亞爵主：貝特連・加亳（Bethlen Gábor，1580-1629）

　　匈牙利反抗哈布斯堡王朝的領袖、川汐凡尼亞爵主：托科利・音雷（Thököly Imre，1657-1705）

　　匈牙利反抗哈布斯堡王朝的領袖、川汐凡尼亞爵主：拉科齊二世（II. Rákóczi Ferenc，1676—1735）

　　為匈牙利爭取獨立的政治家：科修特（Kossuth Lajos，1802-1894）。

◇面值10Ft／布達佩斯的國會議事堂（後方圓頂建築）、科學院。

◇面值20Ft／布達佩斯的布達城堡，1987年被聯合國教科文組織列為世界文化遺產。左上方是匈牙利最著名的馬提亞斯教堂（Mátyás templom），正式名稱是布達城聖堂區聖母教堂，最初是貝拉四世國王下令在1255～1269年間建造，後來匈牙利最偉大的君王「正直的馬提亞斯」在位時下令增建高塔（現今高80公尺），使

得教堂外型高聳壯麗，因而通稱為馬提亞斯教堂。1541年布達被土耳其人佔領（直到1686年才將土耳其人驅逐），教堂被土耳其人改為回教的清真寺，內部的壁畫裝飾完全被清除（因為回教的規律中規定敬拜場所不可有任何圖像），因此稱為教堂的黑暗時期。布達被基督教軍隊光復後，在十八至十九世紀才逐漸修建成為現今的新哥德式建築。

（三）布達佩斯——匈牙利的首都

　　素有「東方巴黎」之稱的匈牙利首都布達佩斯（Budapest）原是隔著多瑙河相望的一對姐妹城市——布達（Buda）和佩斯（Pest），1873年與北邊的歐布達（Obuda）合併為布達佩斯。

◆ 匈牙利在1961年9月24日為紀念當年在匈牙利首都布達佩斯舉行的國際郵展而發行一套四枚連刷郵票，圖案的中心就是流穿布達佩斯的藍色多瑙河（近年來因沿岸發展工業以致河水混濁，當地人改稱為黃色的多瑙河）。主題是著名的觀光景點，由左至右分別是：河中的聖馬宜特（Margit）島與馬宜特橋、漁夫砦及對岸的國會議事堂、布達城的馬提亞斯教堂與鏈橋、蓋勒山（Gellért）。

◆ 匈牙利在1972年9月26日發行一套「歐布達、布達、佩斯結合成布達佩斯」一百周年紀念郵票，
共六枚，每兩枚相連成一對，所以分成三對。

◇面值1Ft／歐布達1872年的景觀（多瑙河西岸），同地點1972年的景觀（出現高樓大廈）。
◇面值2Ft／布達1872年的景觀（多瑙河西岸），同地點1972年的景觀（出現伊莉莎白橋）。
◇面值3Ft／佩斯1872年的景觀（多瑙河東岸），同地點1972年的景觀（出現國會議事堂）。

◆ 匈牙利在1970年4月3日為紀念布達佩斯光復25周年發行一款小全張，內含兩枚長條形郵
票，面值均為5Ft，主題分別是布達佩斯在1945年受到戰火破壞的景象、1970年重建後欣
欣向榮的景觀。小全張的左下有位於蓋勒山頂上40公尺高的自由紀念碑，碑上豎立一尊女
人手持棕葉象徵和平的雕像。郵票中央就是多瑙河及河上的四座名橋，由右至左是馬宜特
橋、鏈橋、伊莉莎白橋、自由橋。對岸是布達市區：正中圓頂建築是布達王宮，右邊尖塔
是馬提亞斯教堂，右下是漁夫砦；前方是佩斯市區，右下即國會議事堂。

◆ 匈牙利在1982年9月10日發行一套第55屆郵票日（BÉLYEGNAP）附捐郵票，共兩枚，主
題是布達佩斯著名建築的夜景。

◇面值4＋2Ft／漁夫砦及夫尼亞第・亞諾
許（Hunyadi János，1387-1456，匈
牙利將軍、政治家）紀念雕像。（左）
◇面值4＋2Ft／國會議事堂及拉科齊二世
紀念雕像。（右）

◆ 匈牙利在1982年9月13日發行一種第55屆郵票日及歐洲安全合作會議十周年紀念小全張，
內含一枚郵票面值20＋10Ft，主題是布達佩斯著名建築的夜景：左邊是國會議事堂，正中
是鏈橋（後面是伊莉莎白橋），遠後方山丘上是自由紀念碑，右上是布達王宮。

小全張圖案上、下方由左至右各複印三枚歐洲安全合作會議紀念郵票：

左上／1973年匈牙利發行、在芬蘭首都赫爾辛基（HELSINKI）舉行

中上／1972年蘇聯發行、在比利時首都布魯塞爾（BRÜSSEL）舉行

右上／1974年匈牙利發行、在瑞士的日內瓦（GENF）舉行

左下／1975年匈牙利發行、在芬蘭首都赫爾辛基（HELSINKI）舉行

中下／1977年匈牙利發行、在南斯拉夫首都貝爾格勒（BELGRÁD）舉行

右下／1980年匈牙利發行、在西班牙首都馬德里（MADRID）舉行

◆ 匈牙利在1984年9月27日發行
一種小全張，紀念布達佩斯的
國家歌劇院啓用一百周年，內
含一枚郵票面值20Ft，圖案是
布達佩斯國家歌劇院的正面
圖，小全張右邊是歌劇院的內
部平面圖。歌劇院於1875～
1884年興建，屬新文藝復興
式建築，內外部裝飾得非常富
麗堂皇。

（四）匈牙利國會議事堂——匈牙利最著名地標

　　匈牙利的國會議事堂是世界上最壯觀秀麗的國會建築，也是布達佩斯
最著名的旅遊觀光景點，位於多瑙河的東岸，爲紀念匈牙利建國一千年，在
1896年動工興建，至1904年全部完工，屬於哥德復興式建築。內部有691個
房間，正面幅度268公尺、深度123公尺，最高處高96公尺，成爲布達佩斯最
高的建築物。

◆ 匈牙利在1972年8月20日發行一套
憲法制定紀念郵票，共兩枚。匈牙
利共和國憲法在1949年制定。

◇面值5Ft／國會議事堂外觀夜景。
◇面值6Ft／國會議事堂內部議事廳。

◆ 匈牙利在1983年5月30日發行一種小全張，紀念1983年5月30日至6月30日在布達佩斯舉
行第五屆國際國會的歐洲安全合作會議，內含一枚郵票面值20Ft。主題是在多瑙河畔的匈
牙利國會議事堂，襯底是歐洲地圖標示舉辦會議的五個都市（由北至南）：芬蘭的赫爾辛
基、比利時的布魯塞爾、維也納、布達佩斯、南斯拉夫的貝爾格勒，圖案右邊的一扇窗戶
印著參加會議的國家國旗，分成12排，每排3面，由左至右，分別是：

第1排：匈牙利地圖、美國、奧地利	第7排：盧森堡、匈牙利、馬爾他
第2排：比利時、保加利亞、塞普路斯	第8排：摩納哥、英國、東德
第3排：捷克、丹麥、芬蘭	第9排：西德、挪威、義大利
第4排：法國、希臘、荷蘭	第10排：葡萄牙、羅馬尼亞、聖馬利諾
第5排：愛爾蘭、冰島、南斯拉夫	第11排：西班牙、瑞士、瑞典
第6排：加拿大、波蘭、列支敦斯登	第12排：蘇聯、土耳其、梵蒂岡

（五）鏈橋——布達佩斯最著名的橋樑

　　鏈橋（英文稱為Chain Bridge）匈牙利文的正式名稱為Széchenyi lánchíd，是為了紀念贊助建造本橋的謝切尼伯爵（Gróf Széchenyi István，1791-1860，推動匈牙利的現代化，曾出任交通與社會事務部長，被稱為近代最偉大的匈牙利政治家）。當時布達、佩斯尚未合併成為一個都市，兩地隔著多瑙河，來往交通依靠渡輪，民眾感到相當不便，於是謝切尼提議建造第一座跨多瑙河的橋樑。

　　1839年由英格蘭工程師威廉・克拉克（William Tierney Clark）負責設計，採用鋼纜吊橋，橋頭左右各有一頭公獅雕像，蘇格蘭工程師亞當・克拉克（Adam Clark）監督施工，在1849年完工使用。兩個橋墩間跨幅202公尺，是世界最長的橋樑跨幅，因為在夜晚橋上鋼纜點亮一連串的電燈，遠望如鏈，所以稱為鏈橋。

　　鏈橋在第二次世界大戰末期的1945年1月18日遭德軍爆破，戰後重建，1949年11月21日（紀念原橋完工啟用一百周年）重新啟用，新橋全長375公尺、寬12.5公尺。

◆ 為了籌措鏈橋的重建工程經費，匈牙利在1948年5月15日及10月16日各發行一款航空郵資附捐小全張，附捐金額做為重建鏈橋的工程經費。由於兩款小全張的發行數量各僅有兩萬五千張，所以自發行以來就成為郵迷競相珍藏的集郵品，目前時價約在200歐元左右。

◇5月15日發行面值2＋18Ft的小全張，主題是一架道格拉斯DC-3型螺旋槳客機飛越鏈橋。

◇10月16日發行面值3＋18Ft的小全張，主題是鏈橋，右上是一架道格拉斯DC-3型螺旋槳客機，左下是橋頭的石獅雕像，右下是匈牙利國家徽章。

◆ 匈牙利在1949年11月20日發行一套鏈橋完工啓用一百周年紀念郵票，圖案主題是重建後的鏈橋，共五枚，其中三枚面值40 f、60 f、1Ft是普通郵資、兩枚面值1.60Ft、2Ft是航空郵資，發行套數133,100。

◆ 匈牙利在1966年5月3日發行一款謝切尼誕生175周年（1791-1860）紀念郵票，面值2Ft。圖案左邊是鏈橋，右邊是謝切尼肖像。

◆ 匈牙利在1969年5月22日為宣傳「1971年在布達佩斯舉辦的全國郵展」發行一款附捐郵票，面值5＋2Ft。主題是重建後的鏈橋，背景是布達城堡，右方是布達佩斯的市徽。

（六）跨越多瑙河的七座布達佩斯橋樑

◆ 匈牙利在1964年11月21日為紀念重建的伊莉莎白橋開通（1960～1964年進行橋面拓寬整建工程），發行一套郵票及世界第一種裱銀粉的小全張。主題是位於布達佩斯跨越多瑙河的七座橋樑，面值由小至大的排序是按橋樑跨河位置由上向下順流。

◇面值20 f／阿巴得橋（ÁRPÁD - HÍD）。紀念匈牙利七個部族中的一位領袖而命名，於1939～1950年間興建，是匈牙利最長的橋，橋長928公尺（包含引道長2000公尺）、寬35.3公尺。

◇面值30 f／馬宜特橋。因聯結多瑙河中的馬宜特島而得名，1872～1876年間興建的拱橋，1948年重建，橋長607公尺、寬16公尺，共有六個橋拱。

◇面值60 f／鏈橋。

◇面值1Ft／伊莉莎白橋。紀念當時奧匈帝國的皇后伊莉莎白（Erzsébet Amália Eugénia，1837-1898，由於她對匈牙利人抱持同情心，頗得匈牙利人的尊敬）。原橋是1898～1903年間興建的鋼覽吊橋，位於多瑙河流經布達佩斯區段最窄處，所以橋全長380公尺，但跨河面長度僅290公尺、寬44.3公尺。

◇面值1.50Ft／自由橋（SZABADSÁG -
　HÍD）。原橋在1894～1896年間興建，
　1946年重建，橋長333.6公尺、寬20.1
　公尺。有兩座橋墩，橋墩上左右各有一
　根支撐鋼柱，每根鋼柱上裝飾類似獵鷹
　的Turul鳥青銅雕像（Turul是匈牙利古代
傳說中的神鳥，引領匈牙利人的祖先來到現今的匈牙利大草原）。

◇面值2Ft／裴推菲橋（PETÖFI - HÍD）。紀念
匈牙利愛國詩人裴推菲（Sándor Petöfi,
1823-1849，領導1848年的匈牙利爭取獨立
革命，後來不幸遇害）而命名。著名詩句
「生命誠可貴，愛情價更高，若為自由故，
兩者皆可拋」就是裴推菲所寫。原來的舊橋
在1933～1937年間興建，第二次世界大戰
中遭受破壞，1950～1952年重建新橋，橋
長378公尺、寬25.6公尺。
◇面值2.50Ft／南鐵路橋（DÉLI
ÖSSZEKÖTÖ VASUTÍ HÍD）。原來的舊橋
在1873～1876年間興建，1953年重建，橋
長493.6公尺、寬7.5公尺。

◇小全張面值10Ft／
伊莉莎白橋。背景
是國會議事堂，橋
下有一艘浮水翼
船。小全張中上印
一架噴射客機及
「LEGIPOSTA」
（即航空郵政之
意）。

◆ 匈牙利在1985年10月
15日發行一種非常別
緻的小全張，紀念當
年10月15日至11月25
日在布達佩斯舉行的
歐洲安全合作會議與
文化論壇，內含一枚
圓形郵票。圖案是布
達佩斯的跨多瑙河橋
樑，由前至後依序是
馬宜特橋、鏈橋、伊
莉莎白橋、自由橋、
裴推菲橋，左岸的原
頂建築物就是國會殿
堂，右岸的原頂建築
物就是布達宮。

郵票的外環是與會國
家的國旗按字母順

序，由左下至右下分別是美國、比利時、保加利亞、塞普路斯、捷克、丹麥、芬蘭、法
國、希臘、荷蘭、愛爾蘭、冰島、南斯拉夫、加拿大、波蘭、列支敦斯登、盧森堡、匈牙
利、馬爾他、摩納哥、英國、東德、西德、挪威、義大利、奧地利、葡萄牙、羅馬尼亞、
聖馬利諾、西班牙、瑞士、瑞典、蘇聯、土耳其、梵蒂岡，外環下段的「KULTURÁLIS
FÓRUM」即「文化論壇」之意。

外環的左右兩側各有五個圓圈，左側五圈表示：音樂、寫作、電視攝影、建築、瓷藝，右
側五圈表示：唱歌、繪畫、戲劇、雕塑、教育。

（七）跨越多瑙河的各國橋樑

◆ 匈牙利在1985年2月12日發行一套橋樑專題郵票及一種橋樑專題小全張，主題是跨越多瑙
河的橋樑，面值由小至大的排序是按橋樑跨河位置由下往上溯流。

◇面值1Ft／位於塞爾維亞的諾米・沙得（Novi Sad）斜張橋。

◇面值1Ft／位於匈牙利南部的巴雅（Baja）鐵路橋。
◇面值2Ft／位於布達佩斯的阿巴得橋。
◇面值2Ft／位於布拉提斯拉瓦（Bratislava）的斜張橋。

◇面值4Ft／位於奧地利的維也納國家橋（Reichsbrücke）。
◇面值6Ft／位於奧地利南部林茲（Linz）的斜張橋。
◇面值8Ft／位於德國南部的雷根斯堡（Regensburg）磚石橋。

◇小全張面值20Ft／位於布達佩斯的伊莉莎白
橋。背景是七座橋樑的分佈圖，右下的
「DUNA-HIDAK」即「多瑙河橋樑」之意。

（八）多瑙河曲景觀

多瑙河流到匈牙利北部轉了九十度，往南流向布達佩斯，河道彎曲處
在布達佩斯北方30公里處，稱為多瑙河曲（Dunakanyar），當地景色優美，
成為著名的旅遊觀光河段。

◆ 匈牙利在1968年6月24日發行一套宣傳多瑙河曲都市景觀郵票，共四枚，主題分別是都市
景觀與市徽。

◇面值40f／瓦茨（VÁC）是布達佩斯市民夏季的休閒避暑勝
地，多瑙河東岸的小鎮，人口約三萬五千多人。圖案左上是
十八世紀的凱旋門，右上是1761～1771年興建的教堂，模
仿羅馬的聖彼得大教堂。

◇面值1Ft／聖恩德雷（SZENTENDRE），從布達佩斯出發的觀光遊覽船以該鎮為終點，多瑙河西岸的小鎮，人口約兩萬三千多人。圖案是該鎮中央的教堂廣場。

◇面值1.20Ft／威謝格拉德（VISEGRAD），位於多瑙河轉彎處，多瑙河南岸的小鎮，人口約一千六百多人，匈牙利王「正直的馬提亞斯」的離宮設於此。圖案右上是「正直的馬提亞斯」的雕像，左上是沙拉門塔（Salamon-torony）。

◇面值3Ft／埃斯特勾姆（ESZTERGOM），位於多瑙河曲最上流的小鎮，人口約三萬人，在十至十三世紀中期曾經是匈牙利的首都，匈牙利第一國王史提芬一世在此地加冕。圖案右上是匈牙利最大的教堂Esztergomi Bazilika，佔地五萬六千平方公尺，長118公尺、寬49公尺，教堂圓頂直徑33.5公尺，高100公尺。

（九）巴拉頓湖——匈牙利最大的湖泊

巴拉頓湖（Balaton）位於匈牙利西部，在布達佩斯的西南方約120公里處，呈東北至西南走向，湖形如一條細長的茄子，長78公里、寬4至14公里，面積592平方公里，中歐最大的湖泊。

由於中歐內陸各國離海較遠，大部分的中歐人民將巴拉頓湖視為內陸海，成為中歐地區最著名的休閒渡假、觀光旅遊好去處，在夏季成為避暑勝地。

◆ 匈牙利在1968年6月24日發行一套宣傳巴拉頓湖景觀郵票，共四枚。

◇面值20f／在巴達搓尼山
（BADACSONY）附近
湖面航行的遊覽船。巴
達搓尼位於湖北岸的西
南部，當地自古羅馬帝
國時代就以生產葡萄酒
出名。
◇面值60f／位於湖北岸中
部突出的提哈尼半島
（TIHANYI）。

◇面值1Ft／在巴拉頓阿爾
瑪地附近湖面航行的帆
船（BALATONALMÁDI
PART）。巴拉頓阿爾瑪
地位於湖的西北角，是
著名的休閒勝地。
◇面值2Ft／位於湖北岸西
南部的西格利給提灣

（SZIGLIGETI-ÖBÖL），在巴達搓尼的西方。圖案右下是葡萄藤枝，左邊是當地出產的葡萄
酒，左下是巴拉頓湖魚。

（十）世界最頂級的葡萄美酒產區

　　匈牙利的葡萄酒非常有名，評價也很高。其中以「艾格爾公牛血」
（Egri Bikavér）紅酒及托卡伊阿東葡萄酒（Tokaji Aszú）最為頂級及著名。
　　艾格爾是匈牙利北部的小城市，當地出產匈牙利最著名的紅葡萄酒。
托卡伊則是匈牙利東北部的小鎮，「托卡伊－山麓丘陵」（Tokaj-Hegyalja）
產區包括28個村莊，佔地約七千多公頃。當地生產的葡萄美酒為何會成為世
界的頂極品，有以下五大理由。

一、特殊的土壤：當地土質含有礦物質豐富的火山灰泥土以及河流沖積帶來的黃土。

二、特殊的氣候：位於提莎（Tisza）與波德羅格（Bodrog）河附近，導致托卡伊產區濕氣重，一種灰葡萄孢菌得以大量繁殖，它隨著夏天和初秋雨水滋養葡萄果肉時滲入，結合葡萄吸收土壤的精華而產生各種不同的香味。當地向陽的南面斜坡日照充足，使得黃綠色的葡萄顆顆長得晶瑩剔透，並且含有豐富維生素及天然抗生素，也是一種美顏滋養品。

三、特殊的採收法：在十七世紀，土耳其人佔領了匈牙利的三分之一領土，托卡伊成為邊區。據說當時有位傳教士得到土耳其人來襲消息，通知教區信徒不要採收葡萄趕緊逃難，等到土耳其人搜括撤離後，信徒們紛紛從躲藏處跑出來採收葡萄，但是已經遲了一個月，有些葡萄開始乾縮。信徒們感到無奈，沒想到上帝卻恩賜他們最佳的禮物，用乾縮的葡萄釀出酒味醇美、特異芳香的「托卡伊阿束」葡萄美酒（Aszú在匈牙利文係「乾縮」之意）。所以每年的葡萄採收期通常在十月底或十一月初，時間拿捏也很重要，因為所有的葡萄並非在同一時間乾縮，所以採收「阿束」葡萄格外辛苦——必須一顆一顆地採（一般的大量採收方式是用剪刀一串串地剪），葡萄美酒品嚐家都認為「阿束」美酒好得、貴得有道理。

四、特殊的釀造法：將一顆一顆採收的葡萄先裝入大桶，大桶底部開個小孔，經過幾分鐘或幾小時後，就有全世界最昂貴、最特殊的汁液經重量堆壓漸漸滴下。「托卡伊奧蘇」葡萄美

酒每公升含有多達七百公克的糖分，發酵後酒精濃度超過3～5％。

五、特殊的釀酒地窖：以挖鑿硬岩石而成的洞穴做為釀酒地窖，酒窖中叮以維持攝氏10～12度常溫，重的濕氣讓濕度保持85-90％，使得酒氣不易蒸發，保持特異芳香。

1703年，川汐凡尼亞爵主拉科齊二世為了拉攏法國國王路易十四，贈送相當數量的托卡伊阿東葡萄美酒。路易十四在凡爾賽宮品嚐時，稱讚此酒為「王者之酒，酒之王者」。

由於有上述之特殊文化建設和自然景觀，2002年聯合國教科文組織將托卡伊葡萄酒區文化景觀列為世界文化遺產。

◆ 匈牙利在1972年8月21日為紀念在布達佩斯舉行的第一屆世界葡萄酒展覽會（1.BOR VILÁGVERSENY．BUDAPEST 1972）發行一套郵票，共兩枚，主題是匈牙利最著名的兩種葡萄美酒及產區。

◇面值1Ft／十七世紀的艾格爾（Eger）葡萄美酒產區景觀，右邊是著名的「艾格爾公牛血」紅葡萄酒瓶和藍紫色葡萄。

◇面值2Ft／現代的托卡伊葡萄美酒產區景觀，右邊是世界上最著名的「托卡伊阿東」金黃色葡萄酒和金黃色葡萄。

◆ 匈牙利在1990年8月31日發行一套宣傳著名葡萄酒產區專題郵票，共六枚，圖案上方是著名品種的葡萄，下方為產區的景觀。

◇面值3Ft／Cabernet franc E.11品種的藍紫色葡萄，HAJÓS-VASKÚT產區，位於匈牙利南部、多瑙河東岸。

◇面值5Ft／Cabernet sauvignon E.153品種的藍紫色葡萄， VILLÁNY-SIKLÓS產區，位於匈牙利最南部、多瑙河西岸。

◇面值8Ft／Kadarka P.9品種的藍紫色葡萄， SZEKSZÁRD產區，位於匈牙利南部、多瑙河西岸。

◇面值8Ft／Olaszrizling B.20品種的金黃色葡萄，BADACSONY產區，位於匈牙利西部、巴拉頓湖北岸。

◇面值8Ft／Leányka E.100品種的金黃色葡萄，EGER產區，位於匈牙利北部。

◇面值10Ft／Furmint T.92品種的金黃色葡萄，TOKAJ-HEYALJA產區，位於匈牙利東北部。

世界文化遺產

以下列出在本書中被聯合國教育科學文化組織列為世界文化遺產（UNESCO-World Heritage）的各國建築物及其列入年份。

一、德國

1981年－修拜亞的皇帝大教堂
1984年－奧古斯土斯堡與獵趣宮
1986年－黑城門與特里爾其他古羅馬遺跡及大教堂
1987年－呂貝克舊市街
1990年－柏林的哈菲爾河中孔雀島宮殿
1990年－波茨坦的無憂宮殿與花園
1992年－勾斯拉的舊市街
1993年－班堡舊市街
1994年－舊弗克林根煉鐵鎔爐
1996年－科隆大教堂
1996年－在愛斯雷本與維騰堡的馬丁·路德住家
1996年－在德紹與威瑪的包浩斯建築
1998年－威瑪
1999年－瓦特堡
2000年－威爾利茨花園
2002年－史特拉潤德與威茲瑪的舊市街
2004年－不來梅的市政廳
2004年－德勒斯登和沿易北河谷區段

二、奧地利

1996年－薩爾茲堡的歷史性地區
1996年－在維也納的美泉宮及花園
1998年－森枚玲鐵路
1999年－格拉茲城堡山及舊市區中心的建築景觀
2001年－維也納的歷史性地區

三、捷克

1992年－布拉格的舊市中心建築

四、匈牙利

1987年－布達佩斯的沿多瑙河畔、布達城堡區等
1999年－賀托巴宜大草原
2002年－托卡伊葡萄酒區文化景觀